アブダクションと理科教材開発についての研究

柚 木 朋 也 著

風 間 書 房

まえがき

　「創造性」「発見する能力」「探究する能力」など，人間にとって重要であると考えられている能力がある。これらは，人間の精神作用の中でも最も価値あるものの一つである。「科学」は，それらの能力により発展してきたと考えられる。そして，それらの能力の育成は「教育」に依存するところが大きいと思われる。

　例えば，隋代（AD. 587年）より1300年余り実施されてきた中国における科挙制度は，ある一面においては，中国社会に非常に大きな貢献をなした。しかし，古典の学習がほとんどであり，教育を抜きにした官吏登用試験であるこの科挙制度は，結果的には，産業革命以後飛躍的に発達したヨーロッパの科学や技術に大きく敗退する要因となった（宮崎市定：『科挙』，中公新書，1963）。そこには，「科学」や「創造性」にかかわる能力の育成を重視しなかった知識偏重の考え方が大きく影響したと思われる。21世紀における現在でも，「科学」の発展はきわめて重要であり，「理科教育」の充実は人類の未来を左右する最重要課題であると思われる。

　さて，理科教育にとって何が重要であるのか？　理科教育は自然を対象とすることから，科学（science）が中心概念であり，理科教育の本質は科学的な探究にある。このことは，今までの学習指導要領の目標でも述べられており，おそらく今後の理科教育においても変わることがないと思われる。つまり，科学的な探究を充実させることが重要である。

　そのため，本書では，科学的な探究の過程の中で使用される推論を中心に考察した。そして，科学的な探究における推論に着目したパース（Charles Sanders Peirce 1839-1914）の研究をもとにした。パースは，プラグマティズムや記号論の創始者として知られているが，論理学，数学，物理学，天文学，

化学，心理学などにもすぐれた業績を残している科学者であり，推論の研究に関してもその価値が見直されてきている。パースは，推論を従来の演繹（deduction）と帰納（induction）という二分法ではなく，アブダクション（abduction），ディダクション（deduction），インダクション（induction）の三分法であるとし，生涯を通じて研究した。

　科学的な探究を充実させるためには，仮説の発想が重要な役割を担う。仮説の発想にかかわるアブダクションは，「新たな観念（idea）を供給する唯一の種類の推論」であり，現在では，記号論，情報科学，認知科学，心理学，教育学，医学など多くの分野，領域で研究されている。しかし，アブダクションについては必ずしも明確にされていない。そこで，本書では科学的探究の視点からアブダクションについて明らかにした。

　次に，理科教育では，観察，実験が重要であり，その際に使用する教材は重要な役割を果たしている。そして，教材の開発はきわめて重要である。教材には多くの種類があり，その観点や目標は様々である。しかし，学習者にアブダクションを誘発させる教材は今まであまり注目されてこなかったように思われる。本書では，学習者にアブダクションを誘発させる教材（アブダクション教材）について着目し，それらについて考察した。

　なお，アブダクション教材に限らず，教材の開発には創意工夫が必要であり，そこには，アブダクションをはじめとする種々の推論がかかわる。しかし，開発した教材に関する研究は数多くあるが，教材開発の過程を詳述した研究，特に，推論をもとに思考の過程を考察する研究はこれまでほとんどなかった。そこで，本書では，開発に関する思考の過程について考察し，整理することを試みた。実際の開発では，多くの試行錯誤があり，種々の多様な方法で推論が利用される。しかし，アブダクション，ディダクション，インダクションの推論の形式を考慮しながら開発を行うことで，それぞれの思考の流れが明確になり，考えるべき指針とすることが可能となった。この方法を活用することで，有効ないくつかの教材を開発することができた。このこ

とは今後の教材開発における一つの指針を示すと考える。

　2017年6月

　　　　　　　　　　　　　　　　　　　　　　　　　柚木　朋也

目　次

まえがき

序章　研究の目的……………………………………………………………1
　第1節　アブダクションについて………………………………………1
　第2節　理科教育の現状と教材開発の意義……………………………4

第Ⅰ章　科学的探究とアブダクション…………………………………21
　第1節　パースのアブダクション………………………………………21
　第2節　推論の分類………………………………………………………21
　　第1項　第一の方法……………………………………………………21
　　第2項　第二の方法……………………………………………………23
　　第3項　推論形式………………………………………………………24
　　第4項　推論の分類に関する考察……………………………………26
　第3節　アブダクション…………………………………………………33
　　第1項　探究の三段階…………………………………………………33
　　第2項　驚くべき事実…………………………………………………38
　　第3項　アブダクションの過程………………………………………40
　　第4項　アブダクションに関する考察………………………………45
　　　1　アブダクションとアナロジー…………………………………45
　　　2　アブダクションとパレオロジック……………………………51
　　　3　アブダクションの形式に関する考察…………………………53
　　　4　アブダクションと心理的側面…………………………………57

第Ⅱ章　理科教育とアブダクション……………………………………73
第1節　アブダクションと学習………………………………………73
第2節　推論を重視した指導例………………………………………78

第Ⅲ章　教材開発とアブダクション……………………………………89
第1節　アブダクションと教材………………………………………89
第1項　教材……………………………………………………………89
第2項　教材開発に要する推論の関与……………………………94
第2節　アブダクション教材の開発と指導例………………………96
第1項　水撃ポンプの開発……………………………………………96
　　1　水撃ポンプについて………………………………………96
　　2　水撃ポンプの製作と特性…………………………………96
　　3　水撃ポンプ開発の過程……………………………………111
第2項　水撃ポンプを使用した指導例……………………………114
　　1　小・中学校「理科」長期研修における指導例…………114
　　2　高校生を対象にした指導例………………………………121
第3節　教材開発過程の例……………………………………………125
第1項　開発した教材について……………………………………125
第2項　燃料電池……………………………………………………126
　　1　燃料電池開発の過程………………………………………126
　　2　フロッピーディスクケースを利用した燃料電池………131
第3項　化学的な寒剤………………………………………………145
　　1　塩化カルシウムの寒剤としての利用……………………145
　　2　実用的な化学的寒剤開発の過程…………………………152
　　3　「寒剤」に関する一考察…………………………………159
第4項　簡易霧箱……………………………………………………180
　　1　S霧箱開発の過程…………………………………………180

  2 融雪剤を用いた簡易霧箱の開発 …………………………………………194

終章 結語 …………………………………………………………………215
 総括と展望 …………………………………………………………………215

文献……………………………………………………………………………223
あとがき………………………………………………………………………237
索引……………………………………………………………………………239

序章　研究の目的

第1節　アブダクションについて

　本書は，理科教育における仮説の発想（アブダクション）にかかわる考察とそれに基づく教材開発について考察したものである。

　理科教育の充実のためには，科学的探究の過程の充実が重要であり，特に仮説の発想は探究の充実に大きくかかわると考えられる。仮説の発想は，いわゆる直観（intuition）に起因するものであるという考えもある[1]。しかし，仮説の発想を直観に起因させることは，その意味を不明確にし，研究を閉ざすことになりかねない。そこで，直観というものの存在を基礎とせず，あらゆる精神作用（mental action）は推論（reasoning）であるという立場から，仮説の発想も推論の一種であると考える。このような立場から最初に推論について論じたのは，パース（Charles Sanders Peirce 1839-1914）である[2]。パースによれば，人間の思考はすべて記号（sign）の操作であり，推論はアブダクション（abduction），インダクション（induction），ディダクション（deduction）の三種類に分けることができるという。そして，アブダクションは仮説発想にかかわる推論であるとされている[3]。

　本書ではパースによる推論の理論をもとに，推論の分類，探究の過程と推論との関係，アブダクションの諸性質などについて考察する。さらに，理科教育の視点からアブダクションについて考察するとともに，それに基づく教材開発について考察する。

　アブダクションという言葉は，パースが「アリストテレスのアパゴーゲー（$\alpha\pi\alpha\gamma\omega\gamma\dot{\eta}$）(Prior Analytics, lib. 2, cap. 25) の翻訳として，Julius Paciusによっ

て使用された abductio の英語形である。」[4]と述べているように，パースの造語である。パースが論理学あるいは哲学の一環として研究してきたものであり，パースの業績の一つは，アブダクションを論理学的に取り上げたことである。しかし，パースがアブダクションについて論じた後もアブダクションは時には帰納，時にはアナロジーと混同されるなど明確には議論されてこなかった。パースについての議論が始まったのは，パースの論文集（Pierce, 1931-35）[5]が世に出てからであるが，それでもアブダクションそのものについては注目されることはほとんどなかった。

アブダクションが注目され始めたのは，ハンソン（Hanson, 1958）[6]による科学的発見の論理として議論されたところが大きい。ハンソンは，観察の理論負荷性で注目されたが，理論負荷性の考え方はパースによる知覚判断とアブダクションの考え方を引き継いでいる。また，パースと同様にケプラーを例にアブダクションについて論じている。その後，アブダクションについての議論は，ファン（Fann, 1970）[7]，レシャー（Rescher, 1978）[8]など多くの論者により様々に論じられている。

日本では，論理学における科学方法論として，近藤・好並（1964）[9]などで論じられているが，アブダクションが広く知られるようになったのは，川喜多（1967）の『発想法』[10]からである。川喜多はKJ法がパースのアブダクションと基本的には同様の思考であることを上山から示唆されたと述べている。パースのアブダクションについてのまとまった論考として，好並（1973）の「パースのアブダクションの理論―その前期と後期の見解―」[11]，上山（1978）の「アブダクションの理論」[12]がある。また，アブダクションだけを対象にしたものではないが，弁証法の観点からパースの認識論を考察した上山（1963）の『弁証法の系譜』[13]がある。ここでは，パースの探究の過程が弁証法的であることを指摘している。

アブダクションに関する研究としては，アブダクション及び推論そのものについての研究とアブダクションを個別の分野，領域に適用する研究が見ら

れる。アブダクションについての研究は，パースの研究の一部の紹介や解説を中心に展開したものが多い（伊藤（1985），エーコ・シービオク（1990），デイヴィス（1990），Aliseda（2006），米盛（2007），Magnani（2009），Paavola（2012））[14]。それは，アブダクションそのものに関する研究がパースによりかなり詳しく研究されているためである。ただし，アブダクションに関する研究は完成されているのではなく，各研究者により，パースの研究を基本に進展が図られている。また，アブダクションについて，パースのものとは異なる定義や解釈を行う研究（Josephson, J. R. & Josephson, S. G.（1996），Thagard（2005），Rivadulla（2013），Cellucci（2015））[15]，あるいは，緒論に対する反論など様々な立場から行った研究（例えばMcAuliffe（2015））[16]もある。そして，後述するようにアブダクションを現実の様々な分野や領域に適応するなかで，新たな知見や考え方が生じる場合もある。例えば，人工知能に関する研究は，アブダクションから影響を受けただけではなく，逆にアブダクションの研究に影響を与えている（Inoue（1993），Hirata（1995），Aliseda（2006），Magnani（2009））[17]。

　問題は，パースの理論が難解で不明瞭であったことである[18]。それは，パースが独特の哲学をもち，思考も年代とともに変化している上にまとまった著述がないことから，パースの理論のどこに焦点を当てるかによってもその解釈が変わることなどが影響している。それが多くの研究によって整理され，理解が容易になったことは幸いである。そのためか，他の分野，領域への適用が可能になり，最近では，あらゆる分野，領域にその影響は広がりつつある。例えば，主なものでも記号論，情報科学，認知科学，認知言語学，心理学，教育学，音楽哲学，生物学，医学，神経科学，精神科診断，創造性研究，人工知能理論，半導体の開発，建築設計などが挙げられる。アブダクションが「新たな観念（ideas）を供給する唯一の種類の推論」（2,777）[19]であることを考慮すれば当然のことであるが，パースのアブダクションの理論が現代の研究にも有効であることが窺われる[20]。

　我が国の教育学に限っても，理科教育（柚木（2007），工藤（2011），益田・柏

木 (2013)),山口・田中・小林 (2015))[21],数学教育 (和田 (2008),山本 (2010),後藤 (2015))[22],社会科教育 (川本 (2005),平川 (2009),小林 (2011, 2012),杉田・桑原 (2013))[23],国語教育 (佐藤 (2010, 2011),舟橋 (2013))[24],道徳教育 (三輪 (2012))[25]などでアブダクションにかかわる研究が行われている[26]。研究者によってその取扱いは多様であり,アブダクションをどのような観点からとらえ,どのように対象に適応するかで様々な変化が現れる。しかし,パースの論理学は規範学である。どのような状況で適応されたとしても,アブダクションの論理そのものは変わらないため,アブダクションの論理的側面については,十分に明確にしておく必要がある。

なお,パースの思想については,多くの研究者が指摘しているように,前期と後期で差異が見られる[27]。アブダクションについてもパース自身が1910年の To Paul Carus, On "Illustrations of The Logic of Science" で,「私は今でも,それ(1868年の推論の3分類)は,しっかりした基礎であると考える。ただ,今世紀の初頭以前に公刊されたほとんどすべてのものにおいて,私は多かれ少なかれ,ハイポセシス[28]とインダクションを混同してきた…」(8,227) と記述しているように,前期の理論が修正されている。

以上のことを踏まえた上で,本書では,1901年以後のパース後期の見解を基本として考察し,推論の分類,科学的探究の過程と推論とのかかわりを明確にすることを試みる。

第2節　理科教育の現状と教材開発の意義

平成20年1月に中央教育審議会により,「幼稚園,小学校,中学校,高等学校及び特別支援学校の学習指導要領等の改善について」の答申が行われた。

この答申においては,次の7点が基本的な考え方として示された[29]。

① 改正教育基本法等を踏まえた学習指導要領改訂
② 「生きる力」という理念の共有

③ 基礎的・基本的な知識・技能の習得
④ 思考力・判断力・表現力等の育成
⑤ 確かな学力を確立するために必要な授業時数の確保
⑥ 学習意欲の向上や学習習慣の確立
⑦ 豊かな心や健やかな体の育成のための指導の充実

　これらの点は、いずれも密接にかかわっており、理科教育とも関連している。
　また、理科の改善の基本方針については、次のように示されている。
「(ⅰ) 改善の基本方針
(ア) 理科については、その課題を踏まえ、小・中・高等学校を通じ、発達の段階に応じて、子どもたちが知的好奇心や探究心をもって、自然に親しみ、目的意識をもった観察・実験を行うことにより、科学的に調べる能力や態度を育てるとともに、科学的な認識の定着を図り、科学的な見方や考え方を養うことができるよう改善を図る。
(イ) 理科の学習において基礎的・基本的な知識・技能は、実生活における活用や論理的な思考力の基盤として重要な意味をもっている。また、科学技術の進展などの中で、理数教育の国際的な通用性が一層問われている。このため、科学的な概念の理解など基礎的・基本的な知識・技能の確実な定着を図る観点から、「エネルギー」、「粒子」、「生命」、「地球」などの科学の基本的な見方や概念を柱として、子どもたちの発達の段階を踏まえ、小・中・高等学校を通じた理科の内容の構造化を図る方向で改善する。
(ウ) 科学的な思考力・表現力の育成を図る観点から、学年や発達の段階、指導内容に応じて、例えば、観察・実験の結果を整理し考察する学習活動、科学的な概念を使用して考えたり説明したりする学習活動、探究的な学習活動を充実する方向で改善する。
(エ) 科学的な知識や概念の定着を図り、科学的な見方や考え方を育成するため、観察・実験や自然体験、科学的な体験を一層充実する方向で改善する。

（オ）理科を学ぶことの意義や有用性を実感する機会をもたせ，科学への関心を高める観点から，実社会・実生活との関連を重視する内容を充実する方向で改善を図る。また，持続可能な社会の構築が求められている状況に鑑み，理科についても，環境教育の充実を図る方向で改善する。」[30]

こうした方向性をもとに，平成20年3月に学習指導要領が示された。なお，この学習指導要領は，平成15年12月における改訂を継承し，学校や教員の創意工夫を生かした特色ある教育活動が展開できるようになっており，最低基準としての性格が明確になっている。このことは，「学校において特に必要がある場合には，第2章以下に示していない内容を加えて指導することができる。また，第2章以下に示す内容の取扱いのうち内容の範囲や程度等を示す事項は，すべての生徒に対して指導するものとする内容の範囲や程度等を示したものであり，学校において特に必要がある場合には，この事項にかかわらず指導することができる。」[31]において明確に示されている。このことから，学習指導要領のねらいを実現するためには，生徒一人一人の特性などを十分に理解し，それに応じた指導方法や指導体制の工夫改善を図ることが求められている。

理科の目標に関しては，例えば中学校理科の目標は，「自然の事物・現象に進んでかかわり，目的意識をもって観察，実験などを行い，科学的に探究する能力の基礎と態度を育てるとともに自然の事物・現象についての理解を深め，科学的な見方や考え方を養う。」[32]と示されている。

目標と本研究とのかかわりを中学校学習指導要領解説理科編に従って目標を分けた項目をもとに考察する[33]。

① 自然の事物・現象に進んでかかわること。
② 目的意識をもって観察，実験などを行うこと。
③ 科学的に探究する能力の基礎と態度を育てること。
④ 自然の事物・現象についての理解を深めること。
⑤ 科学的な見方や考え方を養うこと。

まず、①の自然の事物・現象に進んでかかわることは、探究の過程のはじまりであり、探究の過程を通して学習する上でも重要であると考える。特に、事物・現象に進んでかかわることは、自然に対して新たな認識をもつことでもあり、それはアブダクションを通して行われる。そのため、自然に対して興味、関心を高め、学ぶ意欲を引き出すような工夫が求められる。その方法の一つが教材の選択である。すぐれた教材は、自然に積極的に向かう態度の育成を助け、より適切な学習に誘うものと思われる。そうした観点から本研究とかかわるものである。

　次に、②の目的意識をもって観察、実験などを行うことは、何のために行うのか、どのような結果が予想されるかなど、観察、実験の意味を明確にする上で重要であると考えられる。特に、目的意識をもつことはアブダクションと密接な関係があり、ディダクション、インダクションともかかわる。すなわち、科学的な探究の過程を辿らせることに通じるとともに、それに適した教材の選択などとも相まって、本研究と大きくかかわると考えられる。

　③の科学的に探究する能力の基礎と態度を育てるためには、基礎的・基本的な知識・技能、科学的な思考力・判断力・表現力など多くの能力が必要である。それらは、単に知識の羅列を覚えるなどのことで身に付くものではない。特に、新しい概念を学ぶ場合には、観察、実験が必要になることも多い。そこには、アブダクションが関与し、様々な推論が必要になる。特に、思考力・判断力などの育成については、探究の過程を考慮した観察、実験を行うことが効果的であり、それに適した教材の選択が重要になると思われる。探究の過程は推論が最も必要とされる過程である。そして、それを積み重ねることにより、科学的な思考力・判断力が育成されるものと考えられる。また、観察、実験の結果を整理し考察するための表現力は重要な能力であり、これも探究の過程を経ることにより効果的に育成されるものと考える。

　④の自然の事物・現象についての理解を深めることは、知識を体系化するとともに科学的に探究する学習を支えるために重要である。自然の事物・現

象に進んでかかわることにより，生徒が自らの力によって知識を獲得し，理解を深めて体系化するためにも適切な教材の選択が必須となる。

⑤の科学的な見方や考え方を養うこととは，自然を科学的に探究する能力や態度が育成され，自然についての理解を深めて知識を体系化し，いろいろな事象に対してそれらを総合的に活用できるようになることである。科学的な根拠に基づいて賢明な意思決定ができるような力を身に付けるためには，科学的な探究の過程を踏みながら，幅広い視野で考察することが必要になると思われる。また，自然体験，科学的な体験，科学技術の発達への対応などについても学習に昇華させることが重要であると思われる。関連性や指導の充実が望まれる。新しい科学技術に対応する教材の選択も必要となる。

以上のことからも明らかなように，理科教育の改善のためには，探究の過程を取り入れた目的意識をもった観察，実験を行うことが望ましく，それに適した教材の選択が重要である。しかし，科学的な問題解決能力の育成の重要性については，以前よりたびたび述べられてきた。例えば，昭和44年の学習指導要領では，科学的に問題解決する能力をプロセス・スキルズとしてとらえ，その育成の重要性を強調した[34]。しかし，実践段階において抽象的な科学概念を獲得させるために用いた科学の方法が子どもの実態にそぐわなかったり，問題意識の醸成，予想の設定，実験・観察の考案，実験・観察の実施，考察という手順が形式的になったりする傾向が生じ，理科離れを生じさせるなど十分な成果を上げることができなかった[35]。また，後藤ら（2007）は，「理科のすべての学習活動に対し，一般化した『探究の過程』を当てはめるのは強引といえる。子どもは予想を立てなくても，既習事項から検証方法を選択したり，そのときそのときの状況に応じて局所的に見通しをもち，活動することもある。課題によっては根拠を持って予想を立てにくい。そのため予想をなくし，次の活動にすぐ移ることも必要である。それによって，時間の余裕が生まれ，それを子どもの探究時間に充てることができると考える。」とも述べている[36]。これらのことから，科学的な問題解決能力の育成

は，子どもの実態を抜きにしたり，形式的に行ったりする方法では十分な成果を上げることが難しいと思われる。

　それでも，「理科における科学的な問題解決能力の育成は，不易の課題であり，理科教育の根幹をなすものである」[37]。そして，科学的な探究活動を行う場合，その入口である仮説の設定は最も重要な段階であることは明らかである。ただし，小林・永益（2006）は，「仮説の設定及びその検証のための観察・実験の計画という理科学習の最も本質的な過程を何度も経験している小学校教員志望学生が10％に満たない現実は，将来の小学校教員に観察・実験と探究の過程を重視した理科授業の展開を望むことが絶望的であることを示していると言っても過言ではない。一方で，観察・実験の結果に基づいて考察した経験のある学生の割合は，仮説設定の経験など他の項目に比べて高い傾向にある。」と述べている[38]。このことは，理科教育における危機的状況を示しているだけでなく，仮説の設定に関する経験が将来の小学校教員にとって不十分であることを示している。一方，今田・小林（2004）によれば，中学校理科教員についての調査の結果，プロセス・スキルズの指導において，「特に力を入れている」または，「ある程度力を入れている」と答えた割合の高い項目に，「疑問に対する仮説（予想）を立てる能力の育成」（77％）という結果が出ている[39]。また，「探究的姿勢の強い教員は弱い教員に比べ，結果の予想や実験・観察の際の条件統一などのプロセス・スキルズ育成に力を入れたり，教科書には掲載されていない実験を取り入れ，仮説や課題を明確にしたりしていることが明らかになった。」[40]と述べている。これらのことから，中学校理科教員については，仮説の設定の重要性が認識されており，探究の過程を重視するなど理科教員として必要な資質をもっている教員が比較的多いと考えられる。

　以上の現状の考察から，探究の過程の重要性は明らかであり，科学的な思考力の育成はきわめて重要な課題である。そして，仮説の設定は大きな課題であり，今後取り組まなければならない問題であると思われる。

科学的思考力育成に関する最近の研究には，自然事象そのものの客観性をどのように見るかを観点とする「科学の視点」を科学的思考力育成のための具体的な学習指導法の一つとして提案した齋藤・徳永（2003）[41]によるもの，類推（analogy）に焦点を当てた佐藤・森本（2004）[42]，益田（2006）[43]，内ノ倉（2010）（2011）[44][45]などの研究がある。理科授業に関してアブダクションを取り上げている研究には，「驚くべき事象を観察し，これを解決するための仮説の説明の過程」「事象を説明するための仮説を導き出す推論の過程」の2つの局面を導入の過程に組み込み，小学校5年生の質量保存概念の形成を実証的に検証した益田・柏木（2013）[46]の研究がある。また，川喜多のW型問題解決モデルを応用した問題解決能力の育成にかかわって仮説の設定を取り上げた五島・小林（2009）[47]や The Four Question Strategy（4QS）における仮説の設定に至る推論の過程をアブダクションとのかかわりで論じた山口・田中・小林（2015）[48]などがある。村上（2005）[49]は，探究学習において仮説が生成される過程として「前仮説段階」というモデルを提示し，仮説の設定や教材の開発とのかかわりについて論じている。そこでは，「前仮説段階」を学習者の活動様態を想定した非合理的な状態であると想定し，「前仮説段階」から仮説へのつながりについても論じている。さらに，村上（2013）[50]では，「前仮説段階」とアブダクションなどの推論との関係にまで言及している。ただし，いずれの研究もアブダクションなどの推論との関係は詳述されているとは言い難く，仮説の発想を推論の観点から考察した研究ではない。そこで，本書では，アブダクションをはじめとする推論を詳細に論じるとともに，これまで詳細に議論されてこなかった仮説の発想を推論の観点から考察することやアブダクションをはじめとする推論と探究の過程との関係について言及する。

　なお，探究の過程を経るためには，適切な観察，実験が必要であり，そのための教材が必要である。それは，自然そのものであったり，生物であったり，教具であったり，映像化されたものであったりと種々様々である。いず

れにしても，教材は使用される授業の在り方や学習者と密接にかかわり，その良否が授業の成否に大きく関係する。そのため，教材は理科教育において重要な要素の一つであり，その開発は最も重要な課題の一つである。観察，実験を行うための教材としては，教科書の実験に使用される教材をはじめとしてすぐれた教材が多く知られている。それらは，長年の使用に耐えてきた重要な教材である。また，メーカーなどによって供給されているものも多い。中には，改良の余地がないほど完成されたものや長年にわたって伝統的に使用されているすぐれた教材も多い。しかし，学習指導要領の改訂や地域的な教材の必要性などから今後もよりすぐれた教材の開発は必要であると思われる。教材には多くの種類があるが，結果を確認する教材に比べ，「仮説の発想」を促し，探究の過程に誘う教材（アブダクション教材）は少ない。「仮説の発想」については，従来，論理的な解釈がなされず，心理的な「直観」，「閃き」，「天性」などといった解釈で漠然と扱われ，科学的な思考とは見なされない場合が多かった。そのため，科学的な思考力は，観察，実験の処理や理論の検証に重きが置かれていたと思われる。しかし，探究の過程を取り入れた目的意識をもった観察，実験では，「仮説の発想」を促す教材を効果的に使用することにより，創造力，発想力を含めた科学的な思考力の育成が可能になることが考えられる。そこで，本研究では学習者がより興味，関心をもって仮説の発想を行うことができる教材についても考慮に入れて，様々な教材の開発を試みた。

　教材の開発を行うためには，探究の過程と似た問題解決の過程を辿ることが多い。しかし，開発した教材に関する研究は数多くあるが，教材開発の過程を詳述した研究はほとんどない。特に，推論の過程に関するものは皆無である。開発に大きな影響を与える推論は，主としてアブダクションであり，その過程は厳密には構造化できない。それは，アブダクションは単なる推測に過ぎないからであり，実際にその時にどのようにして考えついたのかを記録することは難しいからである。それでも，大まかに思考の流れを推論した

り，整理したりすることは可能であり，そのことにより，よりスムーズに教材の開発が可能になると考える。本書では，数種の教材の開発について，その開発過程における思考の流れを詳述することを試みた。思考の流れをアブダクション，インダクション，ディダクションに分類することにより，それぞれの思考の流れが明確になり，考えるべき指針を示すことが可能となった。この方法を活用することで，すぐれた教材を開発することができた。

　小倉（2001a）は，「科学教育で育成する『思考力』を体系化することは容易ではない（小倉，2001b）が，たとえ不完全であるとしても，体系を示すことが，子どもに育成する『思考力』の具体的な目標と，評価のための合理的な根拠を与えるとすれば，その意義は計り知れない。」[51]と述べている。教材開発においても同様のことがいえる。教材開発の方法を体系化することは難しいが，たとえ不完全であるとしても，開発に関する推論の具体的な目標と，評価のための推論の合理的な根拠を与えることができればその意義は計り知れない。本書では，思考の流れをアブダクション，インダクション，ディダクションをもとに考察することで教材開発に資することを明らかにした。

序章；註及び文献
　1）科学的探究はアブダクションから始まる。アブダクションには論理的側面と心理的側面が存在する。しかし，アブダクションの論理的側面は，ほとんど認められてこなかった。多くの論者は，「発見の論理」は存在せず，それは専ら心理学の問題であるという。例えば，ライヘンバッハ（Reichenbach, R.）は次のように述べている。「不合理な推測（guessing）としての仮説－演繹法（hypothetico - deductive method）の神秘的な解釈は，発見の文脈（context of discovery）と正当化の文脈（context of justification）の混乱から生じている。発見の行為は論理的分析を必要としない。構築されるだろう『発見的機構（discovery machine）』という語の中には，天才の創造的な機構を肩代わりする論理的規則は存在しない。こうして，科学的発見を説明することは，論理学者の仕事ではない。彼はただ，与えられた事実とその理論がそれらの事実を説明するという要請でもって彼に表れた理論との間の関係を分析できるだけである。換言すれば，論理学は正当化の文脈のみに関係す

る。」*1)

　ポパー（Popper, K. R.）も次のように述べている。「私はさきに，科学者の仕事は理論を提示し，テストすることであると，述べた。この作業が開始されるそもそもの発端段階，つまり理論を考案あるいは発案する行為については，なんら論理的分析の必要もないし，またできるものではない，と私は思う。あるあたらしいアイデア―音楽の主題であるにせよ，演劇の葛藤であるにせよ，あるいは科学理論であるにせよ―が，ある人にどのようにして生じたかという問題は，経験心理学にとっては大いに関心のあることかもしれないが，科学的認識の論理分析にとってはかかわりのないものである。」*2)。

　しかし，パースは，「アブダクションは論理学のルールによってはほとんど拘束されず，その結論をただ問題的あるいは推測的にのみ主張するだけであるが，それにもかかわらず，完全に確定した論理的な形式をもった論理的推理であるということを覚えておかなければならない。」(5,188)*3)という。

*1) Reichenbach, R. : The Rise of Scientific Philosophy, Berkeley and Los Angeles, University of California Press, p. 231, 1958. (Blackwell, R. J., Discovery in the Physical Sciences, Notre Dame, University of Notre Dame Press, p. 2, 1969. 再引用)

*2) 大内義一，森博訳:『科学的発見の論理』（上），恒星社厚生閣，p. 35, 1981.(Popper, K. R. : The Logic of Scientific Discovery, London: Hutchinson, 1959.)

*3) Peirce, C. S. : Collected Papers, Vols. I‐VI, Hartshorne, C. and Weiss, P. (eds.), Cambridge: Harvard University Press, 1931-1935. なお，パースの論文集からの引用は，引用文の末尾に巻数とパラグラフ・ナンバーを示すことが慣例となっている。本書もこの慣例に従い，第Ⅴ巻の188パラグラフは，(5,188)と表した。

2）Dewey, J. : Logic, The Theory of Inquiry, Holt, Rinehart and Winston, New York・Chicago・San Francisco, Toronto・London, p. 9n. 1938.

3）パースは推論を abduction, deduction, induction の三つに分ける。abduction はパースが導入した推論で仮説的推論，仮説発想，仮説形成，推測，予測的推測，遡及推測などと訳されている。通常，induction は帰納，deduction は演繹と訳されている。しかし，パースにおいては，その意味が若干異なるため，誤解のないようにあえてアブダクション，インダクション，ディダクションと表記した。

4）Pierce, C. S. : Writing of Charles S. Peirce, Vol. Ⅱ, Moore, E. C. (ed.), Indiana University Press Blooming, p. 108, 1984.

なお，アパゴーゲーとアブダクションの関係については，次を参照のこと。
 ・上山春平：アブダクションの理論，人文学報第46巻，京都大学人文科学研究所，pp. 130-135, 1978.
 ・柚木朋也：C. S. パースのアブダクションについての一考察 ―授業の構想の手懸かりを求めて―，兵庫教育大学修士論文，pp. 62-67, 1986.
5）パースの論文集は，後にバークスにより追加された。
　Pierce, C. S. : Collected Papers, Vols. Ⅶ-Ⅷ, Burks, A. W. (ed.) Cambridge: Harvard University Press. 1958.
6）Hanson, N. R. : Patterns of Discovery, Cambridge University Press, 1958.（『科学理論はいかにして生まれるか』，村上陽一郎訳，講談社，1971.）
7）Fann, K. T. : Peirce's Theory of Abduction, Martinus Nijhoff, The Hague, 1970.
8）Rescher, N. : Peirce's Philosophy of Science, Notre Dame-London: University of Notre Dame Press, 1978.
9）近藤洋逸，好並英司：『論理学概論』，岩波書店，pp. 200-213, 1964.
10）川喜多二郎：『発想法』，中公新書，pp. 4-5, 1967.
11）好並英司：パースのアブダクションの理論 ―その前期と後期の見解―，岡山商大論叢9(1)，岡山商科大学，pp. 11-47, 1973.
12）上山春平：アブダクションの理論，人文学報第46巻，京都大学人文科学研究所，pp. 103-155, 1978.（上山春平著作集　第一巻　哲学の方法，法藏館，1996に収録）
13）上山春平：『弁証法の系譜』（初版），未來社，1963.
　なお，本書が参考にしたものは，第2版（1968）である。
14）パースのアブダクションに関する最近の研究は非常に多い。ここでは，本書に関係する総括的な文献を記すことにする。
 ・伊藤邦武：『パースのプラグマティズム』，勁草書房，1985.
 ・U. エーコ，T. A. シービオク編：小池滋監訳，『三人の記号　デュパン，ホームズ，パース』，東京図書，1990.
 ・ウィリアム H. デイヴィス：赤木照夫訳，『パースの認識論』，産業図書，1990.
 ・Aliseda, A. : Abductive Reasoning - Logical Investigation into Discovery and Explanation - , Springer, 2006.
 ・米盛裕二：『アブダクション　仮説と発見の論理』，勁草書房，2007.
 ・Magnani, L. : Abductive Cognition - The Epistemological and Eco-Cognitive Dimensions of Hypothetical Reasoning - , Springer-Verlag Berlin Heideberg, 2009.
 ・Paavola, S. : On the Origin of Ideas - An Abductivist Approach to Discovery - ,

Revised and enlarged edition, LAP Lambert Academic Publishing, 2012.
　　　なお，アブダクションに関する問題についての総括は，次を参考のこと．
　　・Plutynski, A. : Four Problems of Abduction: A Brief History, *The Journal of the International Society for the History of Philosophy of Science*, vol. 1, pp. 1-22, 2011.
　　　また，パースに関する文献目録は，次を参照のこと．
　　・https://en.wikipedia.org/wiki/Charles_Sanders_Peirce_bibliography（Charles Sanders Peirce bibliography-Wikipedia）2015/12/20.
15) Josephson, J. R. and Josephson, S. G. (eds.): Abductive Inference Computation, Philosophy, Technology, Cambridge University Press, 1996.
　　・Thagard, P. : Abductive inference - From philosophical analysis to neural mechanisms - , In Feeney, A. & Heit, E. (eds.), Inductive reasoning: Cognitive, mathematical, and neuroscientific approaches. Cambridge: Cambridge University Press, 2005.
　　・Rivadulla, A. : Abductive Reasoning, Theoretical Preduction, and The Physical Way of Dealing Fallibly With Nature, *Theoretical Models in Physics*, Spanish Ministry of Education and Science, 2013.
　　・Cellucci, C. : Why Should the Logic of Discovery Be Revived? A Reappraisal, Springer International Publishing Switzerland, 2015.
16) McAuliffe, W. H. Q. : How did abduction become confused with inference to the best explanation?, Transactions of the Charles S Peirce Society, *A Quarterly Journal in American Philosophy*, pp. 1-35, 2015.
17) Inoue, K. : Studies on Abductive and Nonmonotonic Reasoning, 学位論文, 京都大学, 1993.
　　・Hirata. K. : Rule-Based Abduction for Logic programming, 学位論文, 九州大学, 1995.
　　・ibid., 14), Aliseda, A.
　　・ibid., 14), Magnani, L.
18) バーンシュタインは，「かれ（パース）は自分の観念をへりくだって通俗化するようなことは殆どしなかった。かれは自分を理解するだけの知的教養に欠けるものや，あるいは自分を真剣に研究しないものに自分の教説をわかりやすく説明しようとはしなかった。」[*1)] と述べている。
　　*1）R. J. バーンシュタイン編：『パースの世界』，岡田雅勝訳，木鐸社，p. 3, 1978.

19) ibid., 2), 第Ⅱ巻の777パラグラフ
20) パースについての詳しい評価は他書に譲るが, ここでは次の言葉を記しておく。
　　ハンソンは「パースがわたしたちのはるか前方にいる」と述べている[*1]。また, 有馬はパースの著作にはじめて接した頃, 「パースの論文はとびきりおいしい御馳走ののようなもの。すこしずつ味わって食すべきもの。一度に大食すると消化不良をおこすインスピレーションの宝の山。思わず居ずまいを正すひたむきな論文とその質の高さ」[*2]とその印象を述べている。
　　[*1) R. J. バーンシュタイン編：『パースの世界』, 岡田雅勝訳, 木鐸社, p. 79, 1978.
　　・ノーウッド・ラッセル・ハンソン：発見の論理への覚え書き
　　　(Bernstein, R. J. (ed.): Perspectives on Peirce, Critical Essays on Charles Sanders Peirce, New Haven and London, Yale University Press, 1965.)
　　[*2) 有馬道子：『パースの思想』, 岩波書店, p. vii, 2001.
21) 柚木朋也：アブダクションに関する一考察 ―探究のための推論の分類―, 理科教育学研究 Vol. 48, No. 2, 日本理科教育学会, pp. 103-113, 2007.
　　・工藤与志文：理科学習における「発見的推論」に対する教員志望学生の評価について, 東北大学大学院教育学研究科研究年報第59集第2号, pp. 23-37, 2011.
　　・益田裕允, 柏木純：論理的推論に基づく仮説形成を図る教授方略に関する実証的研究, 理科教育学研究 Vol. 54, No. 1, pp. 83-92, 2013.
　　・山口真人, 田中保樹, 小林辰至：科学的な問題解決において児童・生徒に仮説を設定させる指導の方略 ―The Four Question Strategy (4QS) における推論の過程に関する一考察―, 理科教育学研究 Vol. 55, No. 4, pp. 437-443, 2015.
22) 和田信哉：数学教育におけるアブダクションの基礎的研究 ―形式の観点からの検討―, 数学教育研究43(2), 新潟大学教育学部数学教室, pp. 4-10, 2008.
　　・山本貴之：図式的推論を生かした数学の授業に関する研究, 数学教育研究45(1), 新潟大学教育学部数学教室, pp. 48-68, 2010.
　　・後藤佳太：数学学習におけるアブダクションに関する研究(1) 仮説形成の基準に焦点をあてて, 数学教育学研究21(1), 全国数学教育学会, pp. 53-61, 2015.
23) 川本治雄：アブダクションと社会科学習, 和歌山大学教育学部紀要, 教育科学55, pp. 31-36, 2005.
　　・平川公明：仮説を批判的に検討し合う小学校社会科授業 ―第5学年単元「わたしたちの生活と食料生産」―, 弘前大学大学院教育学研究科教科教育専攻社会科教育専修社会科教育分野, pp. 1-57, 2009.

・小林真理：生徒の推論を位置づけた歴史の授業づくり，山形大学大学院教育実践研究科年報(2)，pp. 236-239，2011.
・小林真理：生徒の推論を位置づけた社会科の授業づくり，山形大学大学院教育実践研究科年報(3)，pp. 76-83，2012.
・杉田直樹，桑原敏典：仮説の提示と吟味の方法の工夫による小学校社会科授業改善　―C. S. パースのプラグマティズムの理論を活用して―，岡山大学教師教育開発センター紀要第3号，pp. 107-116，2013.

24) 佐藤佐敏：解釈におけるアブダクションの働き　―C. S. Peirce の認識論に基づく「読みの授業論」の構築―，国語科教育67，pp. 27-34，2010.
・佐藤佐敏：解釈する力を高める話合い「解釈のアブダクションモデル」に基づく発問と話合い，国語科教育69，pp. 11-18，2011.
・舟橋秀晃：「アブダクション」に着目した論理的思考力を伸ばすための国語科読解教材の開発　―実践「別の見方を試してみると」(中二) を通して―，滋賀大国文(50)，pp. 35-50，2013.

25) 三輪聡子：道徳授業における児童の勤労観形成にアナロジー推論が与える影響，教育心理学研究 Vol. 60, No. 3，pp. 310-323，2012.

26) 各教科におけるアブダクションにかかわる研究では，記号論に着目した解釈をもとにした授業構想，授業方法の改善に関する研究が多い．

27) パースの思想の変化について論じたものには，例えば以下のようなものがあり，前期と後期，あるいは前期，中期，後期のように分けて論じている．例えばバークス，上山，ファンは後期の始まりを1891年，マーフィーは1896年，好並はアブダクションに関して1901年としている．本書では，アブダクションに着目しているので，成熟した1901年以後を主として取り上げる．
・Burks, A. W. : Peirce's Theory of Abduction, *Philosophy of Science*, Vol. 13, No. 4, The University of Chicago Press on behalf of the Philosophy of Science Association, pp. 301-306, 1946.
・Murphey, M. G. : The Development of Peirce's Philosophy, Cambridge, Massachusetts, Harvard University Press, pp. 355-378, 1961.
・上山春平：アブダクションの理論，人文学報第46巻，京都大学人文科学研究所，pp. 116-117，1978.
・Fann, K. T. : Peirce's Theory of Abduction, Martinus Nijhoff, The Hague, 1970.
・好並英司：パースのアブダクションの理論　―その前期と後期の見解―，岡山商大論叢9 (1)，岡山商科大学，pp. 13-23，1973.

28) パースは，アブダクションについて，ハイポセシス（hypothesis），リトロダクション（retroduction）など様々な表記を使用しており，それらは微妙な相違を示している。しかし，本質的には，ディダクション，インダクションに対する第三の推論として位置付けられており，本書では，基本的にアブダクションを使用した。なお，ハイポセシスについてパースは，「結果そして後件から前件への論証の結論として」（5,276n）使用していると述べている。
29) 文部科学省：『中学校学習指導要領解説理科編』，大日本図書，pp.1-2，2008.
30) ibid., 29），p.3.
31) 文部科学省：『小学校学習指導要領』，p.14，2008.
32) 文部省：『中学校学習指導要領』，東山書房，p.57，1998.
33) ibid., 29），pp.16-17.
34) 文部省：『中学校指導書理科編』，大日本図書，1970.
35) 文部省：『中学校理科指導資料　身近な自然を重視した理科指導』，大日本図書，p.1，1980.
36) 後藤正英，久保田善彦，水落芳明，西川純：中学校の理科実験における子どもの課題解決過程に関する一考察　～「探究の過程」を強制しないカリキュラムにおける実験の予想に着目して～，理科教育学研究 Vol.47，No.3，pp.1-7，2007.
37) 小林辰至，永益泰彦：社会的ニーズとしての科学的素養のある小学校教員養成のための課題と展望　－小学校教員志望学生の子どもの頃の理科学習に関する実態に基づく仮説設定のための指導法の開発と評価－，科学教育研究 Vol.30，No.3，p.193，2006.
38) ibid., 37），p.188.
39) 今田利弘，小林辰至：中学校理科教員のプロセス・スキルズ育成に関する指導の実態，理科教育学研究 Vol.45，No.2，p.3，2004.
40) ibid., 39），p.6.
41) 齋藤康夫，徳永好治：科学的思考力育成に関する学習指導法の研究　－「科学者の目」を用いた課題解決－，理科教育学研究 Vol.43，No.3，pp.13-20，2003.
42) 佐藤寛之，森本信也：理科授業における類推的思考の意味と意義に関する考察，理科教育学研究 Vol.45，No.2，pp.29-36，2004.
43) 益田裕允：水流モデルから電流回路を類推する理科授業に関する研究　－ベースドメインの関係とターゲットドメインの関係を類推させるコミュニケーション活動を通して－，理科教育学研究 Vol.47，No.2，pp.41-49，2006.
44) 内ノ倉真：アナロジーによる理科教授法の開発とその展開　－構成主義的学習論

の興隆以降に着目して―，理科教育学研究 Vol. 50, No. 3, pp. 27-41, 2010.
45）内ノ倉真：中学生のアナロジーの生成と評価による理科学習の促進 ―「凸レンズによる結像」を事例として―，理科教育学研究 Vol. 52, No. 2, pp. 33-45, 2011.
46）益田裕允，柏木純：論理的推論に基づく仮説形成を図る教授方略に関する実証的研究，理科教育学研究 Vol. 54, No. 1, pp. 83-92, 2013.
47）五島政一，小林辰至：W型問題解決モデルに基づいた科学的リテラシー育成のための理科教育に関する一考察 ―問題の把握から考察・活用までの過程に着目して―，理科教育学研究 Vol. 50, No. 2, pp. 39-50, 2009.
48）山口真人，田中保樹，小林辰至：科学的な問題解決において児童・生徒に仮説を設定させる指導の方略 ―The Four Question Strategy（4QS）における推論の過程に関する一考察―，理科教育学研究 Vol. 55, No. 4, pp. 437-443, 2015.
49）村上忠幸：前仮説段階を考慮した探究プロセスと教材の開発，京都教育大学教育実践研究紀要，第 5 号，pp. 69-78, 2005.
50）村上忠幸：新しい時代の理科教育への一考察，京都教育大学教育実践研究紀要第 13 号，pp. 53-62, 2013.
51）小倉康：思考力開発へ向けた科学教育課程改革：米国での事例から，科学教育研究 Vol. 25, No. 5, p. 368, 2001a.
・小倉康：「科学的な思考」を見極める力をつける，理科の教育（2001.8），pp. 8-19, 2001b.

第Ⅰ章　科学的探究とアブダクション

第1節　パースのアブダクション

　パース（Charles Sanders Peirce 1839-1914）によれば，人間の思考はすべて記号（sign）の操作であり，基本的にはアブダクション（abduction），ディダクション（deduction），インダクション（induction）の三つに分類されるという[1]。したがって，推論について考察する場合，この三つの分類を明確に区別することが重要である。特に，アブダクションは，パースが提唱した推論であり，従来の演繹，帰納とは分類の異なる推論である。アブダクションは仮説の発想と関係し，科学的探究の過程の中でも重要な役割を担っている。

　まず，パースの初期の論文により，三段論法によるアブダクションの考察から始める。ここでは，比較的重要と考えられる「第一の方法」と「第二の方法」について紹介し，その後，推論形式，アブダクションについての検討を行う。

第2節　推論の分類[2]

第1項　第一の方法

　形式的三段論法は，大前提と小前提から結論を導き出すものである。ここではパースの例に従って，白い豆の入った袋から豆を取り出すことについて考える（2,623）。

①　ディダクション
　　　大前提（ルール）　―この袋から取り出した豆はすべて白である。
　　　小前提（ケース）　―これらの豆はこの袋から取り出したものである。
　∴　結論（リザルト）―これらの豆は白である。

　この場合，前提（ルールとケース）が真であれば，結論（リザルト）も必ず真となる。一般的には，この種の推論を演繹と呼んでいる。しかし，ここでは，ルールとケースからリザルトを導き出すということでディダクションと名付けておく。

　次に，この三つの文の順を入れかえる。
②　インダクション
　　　ケース　―これらの豆はこの袋から取り出したものである。
　　　リザルト―これらの豆は白である。
　∴　ルール―この袋から取り出した豆はすべて白である。

　この場合，ケースとリザルトが真であっても，導き出されたルールは，必ずしも真であるとは限らず，小名辞不当周延の誤謬（fallacy of illicit minor）を犯している。例えば，この袋の中には白と赤の豆が入っており，たまたま取り出した豆が白かったということも考えられる。しかし，この種の推論が意味をなさないということにはならない。この推論は，ケースを増やすことによって確実性は増加する。つまり，物事の真偽を確かめるのに有効な推論である。この推論をインダクションと名付けておく。

　さらに，次のように順を入れかえる。
③　ハイポセシス（アブダクション）
　　　ルール　―この袋から取り出した豆はすべて白である。
　　　リザルト―これらの豆は白である。
　∴　ケース―これらの豆はこの袋から取り出したものである。

　この場合，ルールとリザルトが真であっても，導き出されたケースは，必ずしも真であるとは限らず，中名辞不周延の誤謬（fallacy of undistributed middle）を犯している。これらの豆は全く別の袋から取り出したものかもしれない。このように，全く見当外れの可能性もある。この推論は当て推量に

近いものである。しかし，全く根拠がないわけでもなく，むしろそう考えることによって新しい知識を獲得することが可能となる。この推論は，ハイポセシス（アブダクション）と呼ばれている。

第2項　第二の方法

次のような三段論法を考える。

④　Barbara[3]
　　　ルール　　―すべての人間は死ぬものである。
　　　ケース　　―エノックとエリージャは人間である。
　　∴　リザルト―エノックとエリージャは死ぬものである。

さて，リザルトを否定し，ルールを認めるとケースを否定しなければならない。これは，Barocoで，第二格の典型である。

⑤　Baroco[4]
　　　リザルトの否定―エノックとエリージャは死なない。
　　　ルール　　　　―すべての人間は死ぬものである。
　　∴　ケースの否定―エノックとエリージャは人間でない。

また，リザルトを否定し，ケースを認めるとルールを否定しなければならない。これは，Bocardoで，第三格の典型である。

⑥　Bocardo[5]
　　　リザルトの否定―エノックとエリージャは死なない。
　　　ケース　　　　―エノックとエリージャは人間である。
　　∴　ルールの否定―ある人間は死なない。

Barbara, Baroco, Bocardo は蓋然的な推論ではなく，必然的な推論である。そして，Baroco は，ハイポセシスと考えられ，Bocardo はインダクションと考えられる（2,630）。

さて，④の代わりに，次のような蓋然的ディダクションを考える。

⑦　蓋然的ディダクション
　　　ルール　　―この袋の中の豆のほとんどは白である。
　　　ケース　　―手にいっぱいの豆はこの袋から取り出したものである。

∴ リザルト―たぶん，手にいっぱいの豆のほとんどは白である。

リザルトを否定し，ルールを認めると

⑧
リザルトの否定―手にいっぱいの豆のほとんどは白でない。
ルール　　　―この袋の中の豆のほとんどは白である。
∴ ケースの否定―たぶん，手にいっぱいの豆は他の袋から
取り出したものである。

次に，リザルトを否定し，ケースを認めると

⑨
リザルトの否定―手にいっぱいの豆のほとんどは白でない。
ケース　　　―手にいっぱいの豆はこの袋から取り出したものである。
∴ ルールの否定―たぶん，この袋の中の豆のほとんどは白でない。

⑧はハイポセシスであり，⑨はインダクションである。

　これら否定の形式は重要である。それは，「我々がある仮説を採用するとき，それは観察された事実を説明するというからだけではなく，それと反対の仮説もたぶん，それらの観察された事実と反対の結果に導くだろうという理由からも採用する。同様に，我々がインダクションを形成するとき，それがサンプルにおける性質の分散（distribution）を説明するからだけでないばかりか，ある特異なルールがたぶん，そのもの以外のサンプルにもたぶん通じることからも引き出されるものである。」(2,628) からである。

第3項　推論形式

　パースによれば，三段論法と一般の推論形式との間には次のような関係があるという。

　「すべての演繹的三段論法は次の形に直すことができる。

　　　　　　　If　A, then B；
　　　　　　　　But A；
　　　　　　　　　∴ B.

そして，この形式において小前提は，前件あるいは仮言命題の理由として表れるから，ハイポセシスの推理は，後件から前件への推論と呼ぶことができる。」(5,276)。

したがって，アブダクションの論理形式は次のようになる。

驚くべき事実Cが観察される　　　　　　　　C
しかし，もしAが真ならば，Cは当然の事である　A ⊃ C
それゆえ，Aが真ではないかと思う　　　　　∴ A

このアブダクションの論理形式に関して，第一にその形式が満たされていないならば，それは仮説としてさえ認められない。なぜなら，仮説は事実を説明しなければならないからである。第二に，この形式は，明らかに後件肯定の誤謬 (fallacy of affirming the consequent) を犯しており，妥当ではない。もちろん，妥当でないということは，前提が真でも結論が真であるとは限らないということであり，無意味であるということではない。ただ，誤りの可能性も多分にあるので，安全性を得るためには，必ず検証されなければならない。第三に，「Aの全内容がその前提『もしAが真ならば，Cは当然のことである』にすでに表されていなければ，Aはアブダクション的に推理 (be inferred) されえない，あるいは，次のように表現してもよい。アブダクション的に推測 (be conjectured) されえないと。」(5,189)。

つまり，Aの内容が存在し，それがCと結び付けられなければ，アブダクションになり得ないのであり，その結び付きこそがアブダクションの本質である。「アブダクション的な暗示 (suggestion) は閃きのようにやってくる。それは，洞察 (insight) の行為であるが，非常に誤りやすい洞察である。仮説の様々な要素が以前に我々の精神にあったというのは真である。しかし，我々の考察以前に新しい暗示を閃かすのは，我々が以前には決して一緒にしようとは夢にさえ見なかったものを一緒にしようとする考えである。」(5,181)。以上のように，パースは，アブダクションが明確な論理形式をもつことを示した。

ただし，ハイポセシス（アブダクション）に関する説明については，注意が必要である。というのは，パース自身が後年，次のように述べている。「私は今でも，それ（1868年の推論の三分類）は，しっかりした基礎であると考える。ただ，今世紀（20世紀）の初頭以前に公刊されたほとんどすべてのものにおいて，私は多かれ少なかれ，ハイポセシスとインダクションを混同してきた……。」(8,227)。

さて，前述の三段論法の例を仮言命題の形に直すと次のようになる。

「この袋から取り出した豆はすべて白であり，これらの豆はこの袋から取り出したものであるならば，これらの豆は白である。」

ここで，「これらの豆は白である。」という事実から，「これらの豆はこの袋から取り出したものである。」という仮説を引き出すためには，「この袋から取り出した豆はすべて白である。」というルールを背後にもっていなければならない。同様に，「この袋から取り出した豆はすべて白である。」というルールを引き出すためには，「これらの豆はこの袋から取り出したものである。」というケースを背後にもっていなければならない。

つまり，上の例のハイポセシスとインダクションは，背後にもつものが異なるだけで，基本的には同じものと考えることができる。すなわち，帰結から前提を推理する推論であり，この二つの推論は，「これらの豆は白である。」という事実を説明するための仮説を形成することになる。そのため，どちらもアブダクションと考えることができる[6]。

第4項　推論の分類に関する考察

パースの推論の分類に関する考察については，竹内と上山によるアブダクションをめぐる往復書簡に興味深い記述がある。上山はパースの3推論を，ルール（普遍），ケース（特殊），リザルト（個別）から，それぞれ表1のように形式化し，大陸移動説を例に説明している。

表1 ディダクション，アブダクション，インダクションの分類

deduction（rule - case - result）
induction（case - result - rule）
abduction（result - rule - case）

「パースは，ルール（普遍）とケース（特殊）からリザルト（個別）を推論するのをディダクション（演繹），ケースとリザルトからルールを推すのをインダクション（帰納），リザルトの観察から出発し，あるルールをふまえて，ケースを推測するのをアブダクション，といったぐあいに特徴づけているのですが，大陸移動説の場合は，まず世界地図をながめて，大西洋をはさむ両側の大陸の海岸線の相似に気づき，はじめ一体だったのが，分裂を生じて，だんだん左右にはなれていったのでは，と思いつくプロセスが，まさしく，パースのいうアブダクションのプロセスになっていると思います。

　この場合，海岸線の相似に気づく，というのが，リザルトの観察から出発することを意味します。そして，両側の大陸の移動を推定するのは，ケースの推測にあたるわけですが，こうした推測は，ふつうの常識とか科学の一般的ルールを前提としていたにちがいありません。

　したがって，右（上）の推論過程は，

　　リザルト　→　ルール　→　ケース

といった形になるわけです。

　そして，いったん，このようにしてケースが推論されますと，仮に，ケースを既知項としてあつかうことができますから，

　　ルール　→　ケース　→　リザルト

という演繹を試みることによって，もし，地球について，常識的ないし学問的な知識（ルール）を前提として，大陸移動というケースを想定する場合，どんなリザルトが考えられるか，という思考実験を試みることができます。そして，予想されるリザルトが実際に発見（観察）されるならば，そのケースの蓋然性は強化されることになります。

氷河，化石，地質，動植物分布等の証拠による大陸移動説の強化は，いずれも，このようなプロセス，つまり，リザルトによるケースの蓋然性の強化を意味するものと解することができましょう。」[7]

ここで，注目すべきことは，リザルト→ルール→ケースがアブダクションの形式であると論じているところである。パースの例によれば，ルールとリザルトからケースが推論される場合をハイポセシスの形式として挙げており，認識の順序を明確にはしていないのである。また，アブダクションの契機となるリザルトは驚くべき事実であることが重要である。驚くべき事実とは，リザルトに暗黙のルールが適応されたとき，スムーズに推論し得ない事実のことである。したがって，大西洋をはさむ両側の大陸の海岸線は，「一般に海岸線の形が相似になることはない」という暗黙のルールに違反することが驚くべき事実なのである。つまり，我々が物事を見る場合，必ずある種の暗黙のルールを適応することによって物事を見るのである[8]。この場合，海岸線の形が相似になることを説明するルールとは何か。「一般に海岸線の形が相似になる」というルールを認めれば，リザルトは驚くべき事実ではなくなる。これも一つの仮説であるが，そのルールが成り立たないことはよく知られている。しかし，もし「一体だった大陸が分裂した」と考えると「海岸線は相似になる」ことは納得され得る。それは，「一般に，一体であるものが分裂した場合には，分裂した部分は相似になる」というルールにより認められる。すなわち，アブダクションには，現在の枠組み（ルール）を変更する新しいルールの導入が大きな役割を果たしている。そして，ここではアナロジー[9]が関係している。すなわち，「紙を二つに引き裂けば，その分裂した部分は相似になる」などから「大陸も二つに分かれれば，その分裂した部分は相似になる」と考えられる。このように考えると，新しいルールを導入する過程をアブダクションととらえることができる。これを，帰納と考えることは不適切である。では，帰納とは何なのか。紙を二つに引き裂けば，一部で相似になる。他の部分でも相似になる。このことから，全体の部分が相似

になると考える推論である。

　大陸が二つに分かれたことが正しいかどうかを確かめるにはどのようにすればよいのか。「大陸が二つに分裂した」という仮説を認めれば，様々な帰結を考えることができる。例えば，「もし，大陸が二つに分裂したとしたら，対応する海岸の地質は似ているだろう。」ということが推論できる。これは，ディダクションである。その帰結を実際に調べた結果，そのことが立証されれば，前提の蓋然性は高くなると考えられる。これはインダクションである。

　「もし，大陸が二つに分裂したならば，海岸線は相似になる」という仮言命題は簡略して次のように表すことができる。

　　大陸が二つに分裂した　→　海岸線は相似

　ここで，「大陸が二つに分裂した」という事実が明らかになると海岸線は相似になる。これを図式化すると次のように表すことができる。

```
形式①
    大陸が二つに分裂した　→　海岸線は相似
    大陸が二つに分裂した
    ∴　海岸線は相似
```

　この形式①は，ディダクションであり，妥当な推論である。そして，前提に表された情報以外，一切結論に表されない推論である。

　次に，形式②を考える。

```
形式②
    大陸が二つに分裂した　→　海岸線は相似
    海岸線は相似
    ∴　大陸が二つに分裂した
```

　この形式②は，インダクションであり，妥当な推論ではない。しかし，前提に表された情報が正しい場合，結論が正しい可能性がある。換言すれば，「海岸線は相似」という事実を挙げることにより，「大陸が二つに分裂した」という結論の妥当性を強めることになる。

　ここで，推論の順次性を考慮すると次のような形式を考えることができる。

```
形式③
    大陸が二つに分裂した
    大陸が二つに分裂した  →  海岸線は相似
  ∴ 海岸線は相似
```

　この形式③は,「大陸が二つに分裂した」から「もし大陸が二つに分裂した」ならば,どのようなことが起こるかを推論し,「海岸線は相似」を導き出す推論である。「大陸が二つに分裂した　→　海岸線は相似」というルールは必ずしも必然的に導き出されるものではない。大陸が二つに分裂すればどのようなことが起こるかは,前例のように,「大陸が二つに分裂した　→　対応する海岸の地質は似ている」ということを導くかもしれない。つまり,何に着目するかが大切で,「大陸が二つに分裂した　→　海岸線は相似」といったルールをいかに見つけるかということである。そして,この推論は前提にない結論を表すこととなる。そのため,この部分は創造性が必要とされる部分であり,単なるディダクションではない。これをアブダクティブなディダクションと呼ぶことにする。ただし,この推論はひとたびルールが確定すると形式①と同じになり,妥当な推論となる。それは,まさにディダクションである[10]。

　最後に次の形式を考えることができる。

```
形式④
    海岸線は相似
    大陸が二つに分裂した  →  海岸線は相似
  ∴ 大陸が二つに分裂した
```

　同様に,形式④では「海岸線は相似」という事実から「大陸が二つに分裂した　→　海岸線は相似」というルールを導き出し,そのルールを遡行推理することにより「大陸が二つに分裂した」を導き出す。これも,ひとたびルールが確定すると形式②と同じになるが,着目すべきは形式③と同じく「大陸が二つに分裂した　→　海岸線は相似」をいかに見つけるかということである。そして,この形式こそがパースのいうアブダクションであり,前提に

ない結論を表すことになる。ただし，形式③はルールが確定すれば妥当な推論であるのに対して，形式④はルールが確定しても妥当ではない。これは，形式③では，ルールを前提から推理するのに対し，形式④では，ルールを帰結から遡行推理して導き出すことに起因する。いずれにしても，非常に重要な推論形式であり，有用性が高い。このように，時間的な経過すなわち推論の順次性が，アブダクションを明確にする上で重要である。

　ここで，以上の4形式を表2にまとめておく。

表2　推論の4形式

形式① (ディダクション)	$A \rightarrow B$ A $\therefore B$	形式② (インダクション)	$A \rightarrow B$ B $\therefore A$
形式③ (アブダクティブな ディダクション)	A $A \rightarrow B$ $\therefore B$	形式④ (アブダクション)	B $A \rightarrow B$ $\therefore A$

　この表2の4形式が基本であるが，実際には様々な複合された形式が考えられる。そのうちの一つに，否定に関する形式がある。例えば，$\overline{A}$はAを否定する仮説を表し，$\overline{B}$はBを否定する事実を表すとする。表2の4形式で前提のAまたはBを否定すると，次のようになる（表3）。

表3　表2の否定形

否定形式① (裏)	$A \rightarrow B$ $\overline{A}$ $\therefore \overline{B}$	否定形式② (対偶)	$A \rightarrow B$ $\overline{B}$ $\therefore \overline{A}$
否定形式③ (仮説の否定)	$\overline{A}$ $A \rightarrow B$ $\therefore \overline{B}$	否定形式④ (事実の否定)	$\overline{B}$ $A \rightarrow B$ $\therefore \overline{A}$

この中で，否定形式①は裏で前件否定の誤謬（fallacy of denying the antecedent）を犯しているが，否定形式②は対偶で妥当な推論である。否定形式②は$\overline{B}$（反証）によりAが否定されるというAの検証にかかわる推論形式である。否定形式③と否定形式④は，否定形式①と否定形式②を順次制を考慮して並び替えたものである。

ここで，否定形式③と否定形式④について，現実の推論と比較しやすいように，記号の置き換えを行い，形式⑤～形式⑧として整理する（表4）。

表4　否定形の4形式

形式⑤ （裏）	$A \to B$ $\overline{A}$ $\therefore \overline{B}$	形式⑥ （対偶）	$A \to B$ $\overline{B}$ $\therefore \overline{A}$
形式⑦ （仮説の否定）	A $\overline{A}$ $\overline{A} \to F$ $\therefore \overline{F}$	形式⑧ （事実の否定）	B $\overline{B}$ $H \to \overline{B}$ $\therefore \overline{H}$

形式⑤は否定形式①，形式⑥は否定形式②である。形式⑦では，否定形式③のAと$\overline{A}$を入れ替え，BをFに置き換える。また，形式⑧では，否定形式④のBと$\overline{B}$を入れ替え，AをHに置き換える。つまり，形式⑦では，仮説Aに対して仮説の否定$\overline{A}$を導く。そして，$\overline{A}$からルール（$\overline{A} \to F$）を通して新たな事実Fを導き，事実の否定$\overline{F}$に至る。形式⑧では，事実Bから事実の否定$\overline{B}$を導く。そして，$\overline{B}$からルール（$H \to \overline{B}$）を通して新たな仮説Hを導き，仮説の否定$\overline{H}$に至る。なお，形式⑦は，$\overline{A} \to F$が真であるとしても，前件否定の誤謬により妥当な推論ではない。一方，形式⑧は，$H \to \overline{B}$が真であれば，妥当な推論となる。この形式は，多くの仮説の中から適さない仮説を除去するために有効な方法である。

第3節　アブダクション[11]

第1項　探究の三段階

　諸学問における方法論は，教育にとっても重要である。パースは諸学問における方法論（methodeutic）の一般化を追求した。パースの方法論の研究とは，探究の過程の論理的研究に他ならない。デューイは，「私の知るかぎり，パースは，探究とその方法を論理学のテーマの根本的な究極の源泉とした最初の論者であった。」[12]と述べている。

　パースによれば，探究とは「疑念（doubt）が刺激となって，信念に到達しようとする努力」(5,374)のことであり，「意見の確定（settlement of opinion）が唯一の目標である。」(5,374)。そのために最適な方法が「科学の方法」である。それは，信念を人間的なものではなく，何らかの実在的なもの（something Real）によって規定するような方法である。「科学の方法」は実在（real）に依存する。「様々な人々が非常に相反する見解で出発するかもしれないが，探究の進歩に従って，彼らは外部の力（a force outside of themselves）によって，一つの同じ結論に導かれる。」(5,407)。そして，「すべての研究者によって究極的に一致するように運命づけられている意見こそ，我々が真理と意味するものであり，この意見に表されている対象こそ実在に他ならない。」(5,407)。

　パースは，推論の研究を進める中で，探究の三段階を位置付けた。探究の第一段階は，アブダクションあるいはリトロダクション（retroduction）と呼ばれる。それは，ある驚くべき事実の観察に始まり，仮説の定立で終わる。「探究は，それらの現象の驚きが解消されるだろういくつかの観点を追求して，あらゆる局面において熟考する（pondering）ことによって始まる。」(6,469)。そして，「ついに，可能的な説明（explanation）を与えるような一つ

の推測（conjecture）が生じる。そして，可能的説明で意味されることは，前提としての，その信に値する予測の真理が与えられると，その驚くべき事実が，その生起する状況に必然的に伴うものとして示すがごとき三段論法のことである。この説明のために，探究者は彼の推理あるいは仮説を好意をもって見なすように導かれる。私の言葉で言うと，彼は一時的にそれを『もっともらしい』（plausible）と考える。」(6,469)。観察から，ある推測あるいは仮説を思いつくのであるが，それを前提とすることにより，驚くべき事実が当然の結果となる場合，その仮説は受け入れられる。しかし，「その受け入れは，様々なケースに及ぶ―当然のことそうなるが―それは，注意と回答に値する問いとしてそれを疑問の形で言い表すだけのことから，もっともらしさ（plausibility）のあらゆる評価を通って，信じざるを得ないというケースまである。」(6,469)。

　パースは，以上の操作を次のように説明している。「驚くべき事実の注目と仮説の受け入れのあいだの一連の精神作用，そのあいだには普通には，従順な理解（understanding）が歯のあいだの一口の食物をかんでいるように，そして我々をしてなすがままに，適切な状況を求めさせ，その状況を把握させ，時にはそれと気付かず，それらの状況を探究させる。そして，闇の中の努力，ついで驚くべき推測の爆発，しかもそれが，錠の中の鍵を前後に回すように，その変則（anomaly）にうまく合わすことに気付かせる。そして，そのもっともらしさ（plausibility）の最後の見積もりをする。私は以上が探究の第一段階を構成すると考える。」(6,469)。そして，「その特色ある推論の形式化を私はリトロダクションと名付ける。すなわち，後件から前件への推論である。」(6,469)。

　以上のように，驚くべき事実から仮説の受け入れに至る探究の第一段階は，リトロダクションと呼ばれる推論の形式化であることが明確に示される。ただし，それは，「論法（argumentation）よりは論証（argument）の形式である」(6,469) ことに注意する必要がある。リトロダクションによって受け入

れられた仮説は，必ずしも真ではない。なぜなら，「リトロダクションは安全性（security）を与えない」(6,470) からであり，安全性を得るためには，「仮説はテストされなければならない」(6,470) のである。「そのテストが論理的に妥当であるためには，リトロダクションのように現象をじろじろ見つめることによってではなく，仮説の吟味とそれが真であることから導かれるだろうあらゆるたぐいの条件的経験的帰結全体で正直に出発しなければならない。このことは，探究の第二段階を構成する。」(6,470)。そして，「この特色ある推論形式に対して，われわれの言語は二世紀に渡って，幸いにもディダクションという名を与えてきた。」(6,470)。こうして，探究の第二段階は，仮説の吟味から始まり，仮説の帰結を集めることで終わり，その推論形式はディダクションであることが示される。ただし，このディダクションは，以前の分類の③であるアブダクティブなディダクションも含むことが重要である。

このディダクションは，二つの部分に分けることができる。「その第一過程（step）は仮説を展開するために，すなわち，できるだけ完全に明確さを仮説に与えるために，論理的分析によらなければならない。」(6,471)。この過程は論証（argument）であるが，リトロダクションと異なり，経験の不足から間違うはずはなく，正当に行えば真なる結論に到達する。第一過程の論理的分析すなわち仮説の解明が終わると，第二過程の展開に移る。「展開は，証明あるいはディダクション的論法によって導かれる。」(6,471)。論理的分析により，前提としての機能を明確にもった仮説から様々な帰結を導き出すことが，第二過程の展開である。

「ディダクションということの目的，すなわち，仮説の帰結を集めることが十分に実行されると，探究はその第三段階に入る。それは，それらの帰結が経験とどれほど一致するかを確かめることであり，仮説がかなり正確か，あるいは，ある本質的でない修正を必要とするか，あるいは，全く却下されなければならないかに応じて判断することである。」(6,472)。そして，「そ

の特色ある推論の方法はインダクションである。」(6,472)。こうして，探究の第三段階は，仮説からの帰結を事実と突き合わせ，その評価で終わることが示される。

インダクションは，三つの部分をもつ。「というのは，それは，分類によって始められなければならないからである。それは，インダクション的な非論法的な種類の論証であり，それによって，一般観念は経験の対象に結び付けられるというよりむしろ，経験が一般観念に従属する。次に，テスト論法 (testing-argumentations) すなわち，適格試験 (probations) に至る。そして，全探究は第三過程の判決の部分 (sentential part) をもって結論づけられるだろう。その判決の部分は，インダクションによって，様々な適格試験を単独に評価し，それからそれらの結び付きを評価し，それからまさにそれらの評価自体を自己評価し，そして，全体の結果の上に最終判断を下すのである。」(6,472)。

まず，第一に，我々は仮説からの帰結である一般観念に経験を結び付けるために，対象の分類から始めなければならない。次に，適格試験に移るわけであるが，この段階は，インダクション的論法であり，それは次の判定のための論法である。この論法には，二種類のインダクションがある。一つは，荒いインダクション (Crude Induction) と呼ばれるもので，「論理的な全称命題 (universal proposition) を結論づける唯一のインダクションである。」(6,473)。それは，単純枚挙による推理のことで，たった一つの反証によって崩れる弱い種類の推論である。

もう一つは，段階的なインダクション (Gradual Induction) であり，新しい実例のたびに仮説の真理性を評価し直す推論である。それには，量的インダクション (Quantitative Induction) と質的インダクション (Qualitative Induction) の二つがある。例えば，豆の入った袋の中から，手に一杯の豆を取り出し，そのうちどれだけの割合で不良の豆があるかを調べることにより，袋に入っている不良の豆の割合を調べる場合にこのインダクションが用いられ

る。もし,手に一杯の豆の一割が不良品であったとすれば,袋の中にも約一割の不良品が入っていると推理できる。以上の例からもわかるように,この種の推理は数えられるものが対象となり,そこに表される事象は互いに独立であることが必要であり,公平なサンプルと前もって指定された性質（pre-designated quality）によって可能となる。つまり,量的インダクションは統計学に基づく推論（statistical induction）なのである。

　一方,質的インダクションは,一般的に最も有効なインダクションである。「それは,荒いインダクションのようにひとかたまりでの経験に基づくものでも,等しい証拠に基づく値（equal evidential values）の数えられる事例の集合でもなく,次のような経験の一流れに基づいている。すなわち,証拠となる相対的な値が,我々の上に創り出される印象に従って評価されなければならない。」(2,759)。例えば,「かつて大陸は一つであり,それが分かれて現在の大陸となった。」という仮説について考えてみよう。この仮説は,もともとアフリカの西海岸と南北アメリカの東海岸の海岸線がよく似ているという事実から考えられたものである。さて,この仮説を証明するためには,もしその仮説が正しいとならば,現在でも大陸が動いている,あるいは,よく似た動植物や地質の分布が見られるなど様々な条件的予言を演繹し,観察,調査することが必要である。こうしたインダクションは,一つ一つの証拠に基づいて,その価値を確かめ,評価,判断しながら,仮説を修正したりより確実にしたりする。そして,最終の判定により,探究の全過程は修了する。

　このように,インダクションは理論から事実へ向かう推論であり,仮説の検証にかかわる推論である。以上,探究の三段階は表5のようにまとめることができる。

表5　探究の三段階と推論との関係

第一段階	驚くべき事実の観察	→	仮説の定立	アブダクション
第二段階	仮説の論理的展開	→	仮説の帰結	ディダクション
第三段階	仮説の検証	→	仮説の評価	インダクション

第2項　驚くべき事実

　探究は驚くべき事実の観察から始まる。そして，すべての概念の要素は知覚（perception）を通して得られる。パースは知覚をパーセプト（percept）の判断，すなわち，知覚判断が成立して初めて成立するものと考える。「アブダクションの推理はいかなる明確な境界線もなしに，知覚判断にとけこむということ，換言すれば，我々の最初の前提，すなわち，知覚判断がアブダクション的な推理の極端な事例であると見なされる。」(5, 181)。

　このことは，例えば，図1を見ることによって理解することができる。

　「我々は最初，上から階段を見るようである。しかし，精神のある無意識の部分は，その構造に心を据えるのに疲れるように思われる。そして，突然，我々は下から階段を見るように思われる。そのように，知覚判断とパーセプトそのものは，一つの一般的な様相から他の様相に変わり続け，繰り返すように思われる。2，3ダースのよく知られたすべてのこのような視覚幻影（visual illusions）において，最も際立ったことは，形の解釈についてのある理論は，知覚において，すべての表れが与えられるということである。最初，それが我々に示されるとき，それは，あらゆるパーセプトがそうであるように，理性的批判（rational criticism）の制御を完全に越えているように思われ

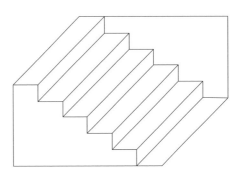

図1　Schröder の階段

る。しかし，今よく知られた実験の繰り返しのあとで，その幻影は徐々にすり減らされ，最初より不明瞭になり，そして，究極において完全に消えてしまう。このことは，これらの現象がアブダクションと知覚の間にある本当の連環（true connecting links）であることを示す。」(5, 183)。

このことに関連するものとして，今日では次のようなことが知られている。「開眼手術を受けた人たちが視力を回復することによって初めて見ることができるのは，空のように透明で表面がすこしも見当たらない，いろいろな色に分かれて見える光の世界であるという。それが社会的経験を重ねていくうちに，やがて不透明な表面をもち，一定の距離と位置をもった物体の像という形に変わってゆく。」[13]。

つまり，知覚判断はアブダクションの極端な場合であり，知覚判断はアブダクションの論理形式に従うことになる。

例えば，「これは赤い」という知覚判断は次の形をとる。

> ある性質（パーセプト）がある。
> もし，目を向けたものが「赤い」ならば，ある性質は当然のこととなる。
> したがって，目を向けたものは「赤い」のである。

以上のように，知覚判断はアブダクションの論理形式に従う。知覚判断がアブダクションである以上，知覚判断は真であるとは限らない。それでは，知覚判断は何によって真であることが示されるのか。それは，「すべての研究者によって，究極的に一致するように運命づけられている意見こそ，我々が真理と意味するものであり，この意見に表されている対象こそ実在に他ならない。」すなわち，その証明は，すべての観察者があらゆる方法で検証していく中で，「これは赤い」という意見に一致していくこと以外にないのである。

ただし，知覚判断とアブダクションの間には相違がある。パーセプトがある場合，知覚判断は必然的に押し付けられる否定できないものであるのに対し，アブダクションは疑い，否定さえできるものなのである。それは，知覚

判断の過程が制御できないのに対し，アブダクションは意識的で制御可能な推理であることを意味する。しかし，その区別は絶対的なものではない。アブダクションは境界なしに連続的に知覚判断に溶け込むのである。

　以上のように，知覚判断がアブダクションの論理形式に従うとすれば，アブダクションが新しい観念を導入する論理的操作であることが理解できる。このように，我々は通常，多くの物事を「当然のこと」として受け入れる。つまり，我々の日常的な論理（logica utens）[14]により，多くの物事は期待通りに，あるいは，今までの経験からすぐに説明され，受け入れられる。これらは，無意識的に行われることが多いが，アブダクションの最も原初的なものと考えることができる。しかし，我々は，時々，期待通りではない，あるいは，過去の論理，慣習では説明され得ない事実に出会う。こうしたすぐには説明され得ない事実こそ，驚くべき事実なのである。そして，驚くべき事実がアブダクションを引き起こすのである[15]。

第3項　アブダクションの過程

　アブダクションの過程について，パースは様々な記述をしている[16]。しかし，アブダクションの本質的な部分は次の二つの過程に分けることができる。

　① 仮説が推量（guess）として思いつく過程
　② 選択された仮説が受け入れられるかどうかを吟味する過程

　多くの論者が「発見」を心理学の問題と見なすのは，①のためである。パースはこの過程については，「自然の光（il lume naturaie, a natural light）」，「本能的洞察（instinctive insight）」，あるいは，「天性（genius）」（1,630　5,604）を持ち出す。そして，「アブダクションは結局推量にすぎない。」（7,219）という。しかし，そうした推量が全く空想的なものであり，「自然の光」や「本能」に導かれたものであると考えられるとしても，それらは驚くべき事実と無関係なはずはない。驚くべき事実からその仮説が思いつかれたこと自体，そこには何らかの論理的ルールが暗黙のうちに働いているのであり，そ

れを形式化すれば，アブダクションの論理形式になるというのがパースの主張である。

②の過程については，適格試験上の仮説の採用（adoption of a hypothesis on probation）と呼ばれ，「アブダクション的なインダクション」とも呼ばれた過程である。しかし，「まず，我々は既知の事実を十分に見て，それらがその仮説にどれほど一致するか，そして，どれほどその修正が必要かを見るために，それらを注意深く吟味する。それは，非常に適切で必要な探究である。しかし，それはアブダクションであって，インダクションではない。そして，それは仮説がその事例の事実に適合していく創始性（ingenuity）を示すにすぎない。研究者の大部分がするように，これをインダクションとするのは，推論についてのなされうる最大の過ちである。もし，そのように考えられたなら，それは，post hoc ergo propter hoc の誤謬[17]である。しかし，もしそれが，インダクションの適用に先立つ過程と考え，仮説のテストを意図するものでなく，仮説を完全に，そして，それをより明確にするための助けと意図すると，その手順はうまく行われた探究の本質的な部分である。」(7,114)。このように，パースは①，②の部分は互いに結び付いた一つの過程，つまり，アブダクションを仮説を定立する過程としてとらえる[18]。「アブダクションは理論を求め，インダクションは事実を求める。」(7,218) のである。

アブダクションが仮説を定立する過程であるとしても，仮説はいくらでも作ることが可能である。したがって，真なる仮説を作ることは，作り得る多くの仮説の中から真なる仮説を選択することになる。ここで，注意すべきは，「選択」という意味が現に意識されているものからの選択に限られず，明確には意識されていないが，選択され得る可能性のあるもの（以下選択可能性と呼ぶ）からの選択もあり得るということである[19]。

以上のように考えるとすれば，驚くべき事実に遭遇した場合，次の二つの場合が考えられる。

　a　真なる仮説が選択可能性の中にない場合

b 真なる仮説が選択可能性の中にある場合

aの場合，真なる仮説を選択できないのは明らかである。例えば，「潮の満ち引きが1日に二度起こる」という事実を観察したときに，月の位置や引力について全く知識をもっていない場合には，真なる仮説を選択することは不可能であり，仮に真なる仮説を知らされたとしても理解することすら難しいであろう。新しい観念を導入する論理的操作であるアブダクションといえども，知識や経験をはるかに越えることはできないのであり，我々の知識や経験の近接地帯に足を踏み入れることで展開されるのである。したがって，aの場合には，選択可能性を豊富にする，つまり，知識や経験を豊富にすることが必要である。

次に，bの場合について考察する。bには，様々な程度があり，その程度や状態については，明確に区別できないものである。しかし，大きくは次の二つの場合に分けることができる。

イ 真なる仮説が，仮説として意識されるいくつかの候補の中にない場合
ロ 真なる仮説が，仮説として意識されるいくつかの候補の中にある場合

さて，イの場合には，仮説をいかにして意識するかが重要である。そのためには，真でない仮説の除去[20]を行う中で，真なる仮説を仮説として意識される候補に上らせることが必要である。つまり，いかにして驚くべき事実と仮説との接点を見つけるか，ということが重要である。「我々がこれまで一緒に考えなかった，あるいは，結び付けなかったものを結び付けるこうした合成（colligation）が最も重要でかつ難解な部分」(2, 469n.) なのである。このことは，ケストラーが，創造的思考は「二者連結」を基盤にして生まれると主張したこととも一致する[21]。二者連結とは，以前には無関係で矛盾するとさえ見なされていた二つの知識領域を連結することである。そのための方法については，多くの研究がある。例えば，市川は「等価変換理論」において，異なったものの中に同一性を見る理論を展開している[22]。また，ポリアもアナロジー（類推）[23]の重要性を指摘している。

一方，ロの場合には，どの仮説からテストするかという問題が生じ，そのためには，経済性を考慮する必要がある。経済性の考察については，パース自身が詳細に述べている。「もし，彼が想像したばかげた理論のすべてを試みるならば，彼は決して（奇跡にしろ）真なる理論を当てることはできないだろう。」(2,776)。それゆえ，「科学の研究において，アブダクションは経済性より他のどんな目的にも役立ち得ないから，科学的なアブダクションのルールは，研究の経済性（economy of research）の上に専ら基づかれるべきことが導かれる。」(7,220n)。多くの可能な仮説から，どれを選択するかという問題は，純粋に経済性の問題であり，アブダクションは経済性の理論に従属する[21]。

パースはアブダクションの経済性の要素として次の三つをあげている。
a　仮説を検証するためのコスト
b　仮説の本質的な価値（内在的な価値）
c　他の計画に対する仮説の影響（仮説の効果の問題）

aについては，仮説はテストされなければならない。そのためには，金，時間，エネルギーなどが必要であり，コストの問題は最も重要な問題の一つである。

bについては，パースは人には正しい仮説を当てるある種の能力があることを主張する。「我々は，与えられた仮説が真であるかもしれないと期待する，そうした考慮を見積もらなければならない。それらには，純粋に本能的なもの（instinctive）と推論によるもの（reasoned）の二種類がある。」(7,220)。

「本能的なもの」とは，自然な感覚において「心理的に単純」すなわち，人間にとって受け入れが容易であり，自然であるということである。これは，「論理的に単純」という意味ではない。仮説のもつこの価値を，パースは自然さ（Naturalness）と呼んでいる。

一方，「推論によるもの」は，過去の経験に基づく可能性である。しかし，過去の多くの事例が示しているように，時折間違っていることもあり，これ

には慎重な注意深さが必要である。それでも，多くの場合，他より優先させるべき価値があり，これをパースは真理らしさ（Likelihood）と呼んでいる。

　cについては，特に重要な要素となる。「得られた仮説を全く十分に立証することをはっきりと期待できることなどめったになく，その仮説がだめだとわかった場合，何が生じるかを常に考慮しなければならないからである。」(7,220)。

　それには，注意（Caution），広さ（Breadth），非複雑さ（Incomplexity）の3要素を考慮しなければならない。

- ア　注意とは，諸仮説の特徴を注意深く分析し，それらの関係について論理的に解明することによって，仮説を試していく有効な方法をとることである。
- イ　広さとは，同じような二つの仮説があり，一方がより多くの事柄を説明する場合，それからテストする方が経済性が高いということである。つまり，より広い仮説を取るほうがテストを行いやすく，有意義な場合が多いということである。
- ウ　非複雑さとは，仮に仮説が事実に合致しない場合にも，対象と対照させることによって，次の仮説に対して示唆を与えることができることをいう。「一時的な仮説については，この理由のために，他の考慮は別としても，何かより単純なものを推量するのがより良いだろう。たとえ，仮説を複雑にすることによって，真理に近づけると思う場合にでも」(7,221)。単純な仮説を試すことは，事実との比較，解釈が容易な上に，たとえその仮説が全くの失敗であったとしても，次の仮説に良いヒントを与える点で経済性が高いのである。

　パースによる経済性の要素は，表6のようになる。

表6 パースにおける経済性の理論（Economical considerations）（7,223）

安価（Cheapness）	
固有の価値（Intrinsic Value）	本能的なもの（Naturalness） 推論によるもの（Likelihood）
諸仮説の関係（Relation of Hypotheses）	注意（Caution） 広さ（Breadth） 非複雑さ（Incomplexity）

第4項 アブダクションに関する考察

1 アブダクションとアナロジー

アブダクションとアナロジーとの関係は密接なものがある。そして，発見や発想が行われる場合にアナロジーの役割が大きいことはよく知られている。例えば，ホリオーク・サガード（1998）では，「ジョージ・ポリアは創造的な問題解決を促進するための技法について幅広く述べており，最終的には『アナロジーは芸術的な表現方法や高度な科学的達成のみならず，私たちのすべての思考，日常的な会話やささいな判断にも浸透している』と主張するに至った。アナロジーだけが，創造的思考に含まれる唯一の認知的メカニズムだとは考えられないが，重要な役割を果たしている。」[25]とその重要性を述べている。戸田山（2011）[26]によれば，非演繹的な推論として次の4種の推論が挙げられている。

① 帰納法（induction）
② 投射（projection）
③ 類比（analogy）
④ アブダクション（abduction）

そして，「アブダクションは『仮説形成』とか『最善の説明への推論』とよばれています。でも，私はアブダクションを『仮説形成』と呼ぶのには抵抗があります。なぜなら，①②③も仮説形成に使うことができるからで

す。」27)と述べている。ここでいう帰納法（一般化）とパースのインダクションは全く同じではない。一般化は前期の理論では，インダクションとされたが，後期の理論ではアブダクションによって行われるとされた。パースは，自らのインダクションの理論が（当時の）ほとんどすべての他の論理学者のそれと矛盾すると述べる28)。「彼ら（他の論理学者）は，帰納的結論が自然の斉一性のために真実に近づくと通常考える。彼らは，推論者が一つのクラスのいくつかの個物がある性質をもつことを見つけるから，その推論者が，そのクラスのあらゆる個物が同じ性質をもつと結論できるケースを帰納の推論と考えるだけである。ここで与えられた考え（すなわちインダクションは，アブダクションによって提案された仮説がどの程度，事実と一致するかの蓋然性を評価する）に従うと，その推理（他の論理学者の帰納）はインダクションではなく，ディダクションとプレサンプション（アブダクション）の一種の混合物である。」(2,775)。投射も同じくアブダクションとディダクションの混合と考えられる。それでは，類比はどうなるのか。パースはアナロジーを重視している。にもかかわらず，アブダクション，インダクション，ディダクションと比べて，その記述が多くないのはなぜなのか。

　パースは，「(1960年から50年間）私は（ディダクション，インダクション，リトロダクション（アブダクション）の三種の混合の性質をもつことをすでに示した）アナロジーを除いて，（ディダクション，インダクション，アブダクション以外の）論証（argument）を決して見つけることはできなかった。それゆえ，私は50年間にいかなる第4のタイプの推論（reasoning）とも遭遇しなかったと実質的に言ってよい。」(7,98)と述べている。パースによれば，アナロジーは，論理的には他の推論の混成と考え，次のように定式化している。

　「アナロジーとは，例えば，地球，火星，木星，土星が自転していることから，水星，金星，天王星，海王星もたぶん自転していると結論づける推理である。ここでの前提は，地球，火星，木星，土星が主要な惑星の自然のクラスのサンプルであるということである。—そのクラスは太陽のまわりを回

っている，ほとんど球状である，光を反射することにより輝いている，たいへん大きいなどである—。

　さて，我々は，水星，金星，天王星，海王星が同様に自転していると考える。というのは，それらは我々の知る限り，地球，火星，木星，土星に属するところの自然のクラスと共通なすべての性質をもつからである。以上のアナロジーからの推理を一般化すれば，次の条件が必要になる。第一に，対象のある小さなクラスが，同じ特性をもつ現実のあるいは可能な大きなクラスの単なるサンプルとして見なされ，同じ条件に従属し得ること，第二に，我々は，それらの特性と条件のすべてが何であるかを知らないが，それらのいくらかを実際知っており，いくらかは，すべてのものからのランダムなサンプルとして考えられるということ，第三に，小さなクラスから置き換えなしのランダムな選択は，その有限なクラスがランダムな選択である無限のクラスからの真なるランダムな選択として見なされ得るということである。それゆえ，アナロジーは次のように表される。

　S'，S"，S'"はP'，P"，P'"の性質をもつ未定義のクラス（undefined class）Xの標本である。
　QはP'，P"，P'"の性質をもつ
　S'，S"，S'"はRの性質をもつ
　したがって，QはRの性質をもつ
　我々は，ここで明らかに，ディダクションに導かれたインダクションとハイポセシスをもつ。

すべてのXは，例えば，P'，P"，P'"その他の性質をもつ。	S'，S"，S'"その他はクラスXの標本である。
QはP'，P"，P'"その他の性質をもつことが見つかる。	S'，S"，S'"その他はRであることが見つかる。
したがって，ハイポセシス的にQはXの一つである。	したがって，インダクション的にXはRである。

　これらから，ディダクション的にQはRである。」(2,733)。
　ここで，展開されているのは前期の理論によるものであるが，後期の理論

にそって考察を試みよう。

例として，「地球，火星，木星，土星が自転していることから，水星，金星，天王星，海王星もたぶん自転していると結論づける推理」を使用する。そして，未定義のクラスとして惑星（太陽のまわりを回っている，ほとんど球状である，光を反射することにより輝いている，たいへん大きい）を用いよう。簡単にするために，下線部を各対象や各性質の代表として取り扱うこととする。

水星，金星は「太陽のまわりを回っている，ほとんど球状である」の性質をもつ
水星，金星は惑星の一つである
　→　水星，金星は「太陽のまわりを回っている，ほとんど球状である」の性質をもつ
　∴　水星，金星は惑星の一つである　……………（1）

次に，地球，火星は自転している，また，地球，火星は惑星の一つであることから，

（惑星の一つである）地球，火星は自転している
すべての惑星は自転している　→　地球，火星は自転している
∴　すべての惑星は自転している　………………（2）

（1），（2）から，

水星，金星は惑星の一つである
すべての惑星は自転している
∴　水星，金星は自転している

このように，アナロジーがアブダクションとディダクションの混合であることを示すことができる。以上のように，パースは，アナロジーの有効性を認めながらも（2,787　5,589　6,40　7,98），推論の基本は3種であると考えた。

一方，認知心理学では，次のように定義されている。「類推（analogy）とは，未知の目的領域（target domain）に，既知の規定領域（base domain）の知識を，転移（transfer）することである。」[29]あるいは，「類推とは以前に経験したことが（ベースドメインと呼ばれる）を現在直面していることが，あるいは問題（ターゲットドメインと呼ばれる）に当てはめる（写像する）ことである。」[30]。つまり，「アナロジーは，次のようなプロセスからなると考え

られる。
　① ターゲット問題の表象
　② ベースの検索
　③ 写像
　④ 正当化

　すなわち，①問題が与えられ，それを何らかの形で表象すること，②つぎに関連する過去の経験を長期記憶から検索すること，③そして検索されたものの中から重要な事項を現在の問題に当てはめてみること，④その当てはめを正当化すること，が類推において行われる。類推は，これらサブプロセスが統合されたものと考えるべきである。」[31]。

　この考え方は，単に推論としてのアナロジーのプロセスを示しているのではなく，問題解決の方法も含まれているように思われる。ホリオークとサガードによれば，科学におけるアナロジーは，次のように模式化できる構造をもつという[32]。

　① TはなぜA，B，C，などといった性質をもつのか？（ターゲット）
　② A，B，Cとよく似た性質，P，Q，Rをもつという点で，SはTに似ている（ベース）
　③ SはXという原因で，P，Q，Rをもつ。（ベース）
　④ だから，Xを修正したX'という原因で，TはA，B，Cをもつかもしれない。（ターゲット）

　この構造から考えられることは，このアナロジーは明らかに，アブダクションの一つの過程を示していることである。すなわち，①は驚くべき事実の認識であり，④は仮説の定立である。ただし，④において，Tの原因をXではなく，X'に修正するところが，単なるアナロジーとは異なると考えられる。ホリオークとサガードによる科学におけるアナロジーは，アブダクションを定立する一つのパターンとして，注目に値する。

　アナロジーの捉え方については，次のようなカテゴリー化に基づく類推が注目されている。「最近になってスキーマ，すなわち記憶内の抽象的な構造

と類推,および比喩について新しい考え方が提案されている。鈴木・村山 (1991) は,類推は『ベースとターゲット間の写像』としてではなく,『ベースとターゲットとカテゴリー(スキーマ)との三項関係』としてとらえるべきであるという主張を行なっている。いうまでもないことであるが,ベースとターゲットは本来異なったものである。もちろん共通点はあるが,それぞれに固有な特徴をいくつも持っている。しかし類推においては,この2つはある観点から同一であるという認識が生じるはずである。もしこれが正しいとすれば,類推のプロセスにおいては,ベースあるいはターゲット,もしくはその両方において表象の変換が必要となる。すなわち,ある観点から2つの領域(問題)を同一化するメカニズムが必要となる。こうしたメカニズムを実現するもっとも簡単な方法は,ベースとターゲットをその事例として持つカテゴリーを設ければよい。すなわち,ベースとターゲットは同じカテゴリーの事例であるから,この2つはその観点から同一視することができるわけである(つまりある猫Xと別の猫Yが同一視できるのは,猫というカテゴリーによってである,という主張と同じである)。このように考えると,類推はベースとターゲットをあるカテゴリーの事例と認識する過程,すなわちカテゴリー化と,そのカテゴリーにもとづいた一種の演繹推論と考えることができる。したがって,このカテゴリー化に基づく類推説では類推専用のモデルは必要ではないということになる。少なくとも私にとっては,類推がわれわれの認知のアーキテクチャー・レベルで実現されているとは思えない。それはより基本的なメカニズムの特別な集合体と考えたほうが妥当であるように思われる。」[33]。

　この鈴木・村山の考え方は,先に示したパースのアナロジーの見解と同じであることは明らかである (2,733 2,513)。ただし,パースの論理学は規範学であり,認知心理学は経験科学と考えられることから,アナロジーについての見解は若干異なる場合が考えられる。ここでは,実際の思考(思考のパターン)として,アナロジーを用いることは有効な手段であることを指摘しておく。

2　アブダクションとパレオロジック

　S・アリエティのパレオロジック（古論理）と呼ばれる推論形式がある[34]。パレオロジックは次の例で説明されていることが多い。

　　私は処女である
　　<u>聖母マリアは処女である</u>
　　私は聖母マリアである

　これは妥当ではない（中名辞不周延の誤謬（fallacy of undistributed middle））。しかし，芸術における創造につながるなど重要な推論であるとされている。このパレオロジック（古論理）に関しては多くの研究がある[35]。

　また，パースは，初期の理論の中で三段論法の蓋然的推理として

　　あるMはPである
　　<u>あるSはPである</u>
　　あるSはMである

について次のように考察している。「その推論は，これらの推理のモードにどんな決定的な蓋然性も与えないが，はじめに総合的推理（synthetic inference）がどのように弱いものであれ，もしそれらに真実を生み出す明確な傾向が少しでもあるならば，ますます安全な前提のおかげで，総合的推理は続けて強められるだろうということを考える必要がある。」(2,510)。

　そして，次のように定式化している。

　　あるMは，例えば，P，P'，P"……の性質をもつ
　　Sは，P，P'，P"……の性質をもつ
　　SはたぶんMである

　「ハイポセシス（アブダクション）は，多くの性質が生じたとき，見つけられるが取り出されることのない諸性質を必然的に含む名辞が，それらすべての性質をもつある対象に述語づけられるかもしれないと推定する推論として定義される。」(2,515)。

　パースは，初期にはアブダクションをハイポセシス（仮説）と呼び，三段論法の中で形式化しようと試みていた。そして，ハイポセシス，インダクシ

ョン，アナロジーに新しい観念を拡張する役割を担わせていた。近藤・好並 (1964) には，次のように記述されている[36]。

「パースは仮説発想―これを彼は abduction とよぶ―を二つの型にわけている。
　(1)『Bは不可思議だ。だがもしAならばBなりであれば不可思議はない。故にAであろう。』
　(2)『BはP₁, P₂, P₃などの性質をもつ。Aも然り。故にBはAであろう。』」

(1) は，パースが遡行推理 (retroduction) あるいはアブダクションとして形式化したものである。(2) は，パースが性質のインダクション (induction of characters) と呼んだものであり (2,632)，ハイポセシス (hypothesis) の一つである。ハイポセシス，インダクション，アナロジーに新しい観念を拡張する役割を担わせる見解は，後期に修正される。「私がそこで取り扱った推論（ハイポセシス）は，それによって我々が仮説を採用するように導かれる推論であるということはできないということに気付かなかった点にある。しかも，私は三段論法の形式や論理学的外延と内包を考えることにあまりにも気をとられすぎていた。その両方を私はそれらの実際よりもより根本的なものにしてしまった。」(2,102)。

ここで，(2) がアブダクションの形式に適合することは次のように考えることで示すことができる。

(2) において，Bが不明であるとき，BがP₁, P₂, P₃などの性質をもつことから，P₁, P₂, P₃などの性質をもつAを想起することは可能である。その上で，もしB＝Aであるならば，BがP₁, P₂, P₃などの性質をもつことが説明できる。つまり，(2) は，(AはP₁, P₂, P₃などの性質をもつ) というルールを導き，それを背景とすることにより，(1) の形式が成り立つと考えることが可能である。

　BはP₁, P₂, P₃などの性質をもつ

(AはP₁, P₂, P₃などの性質をもつ)
BはAである　→　BはP₁, P₂, P₃などの性質をもつ
∴　BはAである

「BはAである」という仮説を導くポイントは，BがP₁, P₂, P₃などの性質をもつことから，背景にある多くの知識，経験の中からAのルールを選択する（背後にもつ）ことにある。

例えば，ある野草Bの名前が不明である場合について考える。観察の結果，「花の形はP₁である」，「花弁の数はP₂である」ことが明らかになったとする。このとき，野草A₁が「花の形はP₁である」，「花弁の数はP₂である」というルールを想起することにより，BがA₁であるという仮説が提案されるのである。

なお，通常，仮説はA₁だけではなく，競合する仮説A₂, A₃, …が考えられる。その場合は，どの仮説が最もBの特徴を説明するかという仮説の選択が行われる。ただし，該当する特徴をもつ野草がない場合には，新しい種（新種）の可能性もある。もし，仮説が選択された場合には，さらに様々な特徴の一致や他の方法，例えば増え方や生育状況，さらには遺伝情報などを調べることによって，仮説の是非を検証する。このように，仮説と検証を組み合わせることによって総合的に野草の同定を行う。このように考えると，種を同定する活動は，アブダクションをはじめとする推論が必須であり，探究の一例ということができる。

3　アブダクションの形式に関する考察

和田（2008）は，三種類のアブダクションを想定している。

$$\text{①}\quad \frac{B}{A \to B} \qquad \text{②}\quad \frac{B}{B \to C} \qquad \text{③}\quad \frac{B}{B \mid D}$$

例えば，測定により『三角形の内角の和は180°である』ということがわか

ったとする。この現象がBであり，これに対し，①『平行線の性質を用いてすべての角を一カ所に集めて平角（直線）になるならば，三角形の内角の和は180°である』という命題を推測する場合，②『三角形の内角の和が180°であるならば，他の三角形を調べても内角の和は180°になる』という命題を推測する場合，③『三角形の内角の和は180°ではない』という相反する命題を推測する場合が考えられる。このように，①のアブダクションはBを受け入れた上で解析的にAを仮定し，その演繹的関係を推測するものである。また，②のアブダクションはBを仮定として受け入れた上でそれから論理的に導かれるCを推測するものである。③のアブダクションは，Bを受け入れた上でそれに相反する命題を推測するものである。」[37]

　いずれの場合も事実Bからの推論であり，それぞれの帰結を導く際に働くものがアブダクションであるという。アブダクションの本質をそのように捉えるならば，上記①～③をアブダクションと捉えることも可能である。ここで論じられている上記①～③を，「表2　推論の4形式」の分類と対応させて考察する。

　まず，上記①はパースのアブダクションの形式であり，表2の形式④に相当する。しかし，上記②は，表2の形式③に対応する。つまり，アブダクション的な要素を含むことを認めつつも形式的にはディダクションの一部と考え，アブダクティブなディダクションと定義しているものである。問題となる上記③は，和田自身も検討の余地を認めており，取り扱いが難しいものである。和田は，上記③の困難点として「③は相反する命題を推測することに困難点があると考えられる。」と述べている。Bを受け入れた上でそれに相反する命題を推測するということは，どういうことであろうか？　単なる事実の否定なのか，あるいは，競争推測を検討するための命題であるのか？　いずれにしても，前提にない何かをつけ加えるという点からは，アブダクション的な要素があるものの論理形式については検討を要すると思われる。

　アブダクションを「事実Bからの推論であり，それぞれの帰結を導く際に

働くもの」ということに照らし合わせてみても,「もしAならば,事実Bとは異なる事実Dとなるであろう」という「A→D」を事実Bから推測することとなる。つまり,「A→D」を事実Bから推測することは,本来Bを説明するための仮説を選択するというアブダクションとは異なるものであり,事実Bと「A→D」の間には一見関係がないように思われる。しかし,事実Bとは異なる事実Dに着目すると,DをBの否定の一つと考えることにより,両者の間に関係が成り立つ。

ここで,パースの「我々がある仮説を採用するとき,それは観察された事実を説明するというからだけではなく,それと反対の仮説もたぶん,それらの観察された事実と反対の結果に導くだろうという理由からも採用する。」(2,628) という記述に着目し,形式化する。

形式　⑨

$$\frac{B}{\overline{A} \to \overline{B}}$$
$$\therefore A$$

($\overline{A}$はAと反対の仮説を表し,$\overline{B}$はBと反対の事実を表す)

形式⑨をさらに,次のように分けて考える。まず,

$$\frac{B}{A \to B}$$
$$\therefore A$$

ここで,Aと反対の仮説$\overline{A}$を導く。そして,A→Bの裏$\overline{A} \to \overline{B}$を導く。すると,

$$\frac{\overline{A}}{\overline{A} \to \overline{B}}$$
$$\therefore \overline{B}$$

ここで,反対の事実$\overline{B}$と事実Bから

$$\overline{A} \to \overline{B}$$
$$\frac{B}{\therefore A}$$

ここでは，従来のアブダクションにより，「A→B」が導き出されるとともに，Aの仮説が選択される。Aの仮説から，反対の仮説$\overline{A}$を導くことにより，「$\overline{A}$→$\overline{B}$」が導き出され，反対の事実$\overline{B}$とが導かれる。これと事実Bとを考慮して，$\overline{A}$と反対の仮説Aの仮説の選択がより確かさをもって選択される。以上のように，検証の推論まで含めたいくつかの推論が組み合わさって仮説の選択が行われていると考えることができる。あるいは，

　B
　事実Bから，反対の事実$\overline{B}$を導く
　$\overline{B}$
　ここで，仮説$\overline{A}$を導く

$$\frac{\overline{B}}{\overline{A} \rightarrow \overline{B}}$$
　∴　$\overline{A}$
　ここで，$\overline{A}$と反対の仮説Aを選択する
　∴　A

ここでは，まず，事実Bに対する反対の事実$\overline{B}$を導き出すことにより，事実$\overline{B}$から従来のアブダクションにより，仮説$\overline{A}$を導き，$\overline{A}$と反対の仮説Aを選択する。

　整理すると

$$\frac{B}{\overline{A} \rightarrow \overline{B}}$$
　∴　A

となり，$\overline{A}$をH，Aを$\overline{H}$に置き換えると，前述の形式⑧と一致する。

　以上のように考えると，否定形式のアブダクションはアブダクションを含む形式であると考えることができる。

　ここで，反対の仮説を相反する仮説の一つに置き換えるすなわち，上記③は，否定のアブダクションの形式$\overline{A}$→$\overline{B}$を$\overline{A}$→Dと置き換えると仮説を導き出すことを助けるアブダクティブな推論と考えることができる。

4 アブダクションと心理的側面

あるものごとについて考えるとき，前提が確定し，かつ，妥当な推論が行われる場合，結論は確定する。これは，思考の論理性である。しかし，前提が確定しない場合や妥当な推論が行われない場合，結論は確定しない。前提をどのように確定するのか，あるいは，妥当な推論が行われるかどうかは思考の論理性だけでは解決せず，推論者の心理的側面について考慮しなければならない。このような心理的な影響は，アブダクションが行われる場合だけではなく，ディダクションやインダクションが行われる場合にも働くと思われる。

演繹的推論の研究は，思考研究の中心的な役割を果たしてきた。演繹的推論における人間のエラーについて研究することにより，人間はどのように間違えるのかの研究が数多く行われた。その結果，論理形式だけではなく，論理形式以外の要因に基づくエラーについても多くの研究がなされた。論理形式以外の心理的側面が思考に影響する顕著な例として，4枚カード問題（ウェイソンの選択課題）[38]やアインシュテルング効果[39]がある。4枚カード問題やそれに類する実験結果に対する解釈は様々である。しかし，これらの実験結果は，人間が実際に思考する場合には，論理形式のみが問題になるのではないということを明確に示している。

推論の中でも，特に，アブダクションは心理的な影響を大きく受けると考えられる。アブダクションはいわゆる当て推量にすぎないから，実際には，その内容や推量する人間の様々な面と関係する。「仮説形成という行為は，或る対象がもつさまざまの錯綜した属性をひとつひとつ挙げるかわりに，ひとつの概念をおいてしまう。ところが，そうした属性のひとつひとつがその対象に内在するかと思うと，奇妙な気がしてくることがある。仮説的な推論を試みようとすると，こうして生まれた複雑な感情は，より強いひとつの感情にとって替られる。それは仮説的な結論を考えてみようとするときに生まれる感情と言えるだろう。ところで，われわれの神経組織は，互いに関連の

ある要素によって複雑な刺激をうけると，ひとつの調和をもった乱れを生ずるが，これをいま情動ということにしたい。たとえば，オーケストラのさまざまな楽器の出した音が耳に届くと，音自体とははっきりと区別できる，特異な音楽的情動が生ずる。この情動は本質的には，仮説的な推論にみられたものと同じであるし，また，仮説的な推論とは必ずそうした情動の形成を伴うものなのである。そうすると，仮説形成は思考の感覚的な要素を生みだし，帰納が思考の思考的な要素を生みだすのだと言っていいのかもしれない。」(2,643)[40]。

シービオクによれば，「推測（abduction）とは世界の諸相の間に，無意識のうちに，つながりを知覚することなのであり，別の表現を使うならば，メッセージの無意識的なコミュニケーションに基礎をおく本能的な行為なのである。」[41]。

同じ箇所をパースから引用したエーコによれば，「この引用で残しておくべきことは，特定の感情的状態の描写ではなくて，聞き手が音楽を耳にした際，個々の音の個性的な「意味」以上の何かを把握するという考え方である。」[42]という。そして，「この解釈行為がこのように漠然とした感情を楽しむというところで止まってしまえば，仮説的推論はもちろん，われわれの目的に役立つようなものは何も出てこない。しかし，新しい意味（新しい結合の可能性）が個々の音に与えられる場合は，全体として音楽作品の新しいコンテクスト的な意味が構成されるから，仮説的な動きは完成されるのである。」[43]という。このような例から考えると，仮説的推論（abduction）は，論理的な推論というよりは，感覚に近い感情的な性質をもっているのである。

以上のように，三種類の推論の中で，アブダクションは特に心理的側面の強い推論である。これは，アブダクションが前提にない何かを付け加えることで新しい観念を導入することからも明らかである。アブダクションの心理的側面に関係する要素として，動機，知識・理解，環境，経験，記憶などが考えられる。ここでは，それらが影響することを指摘するに留める。

第Ⅰ章；註及び文献

1) 本書では，前章註3)で述べたように，パースのinductionを帰納，deductionを演繹と表記せず，インダクション，ディダクションと表記している。また，前章註28)で述べたように，ハイポセシス（hypothesis），リトロダクション（retroduction）は，アブダクションと同義で使用した。
2) 本論は，次の文献の一部から引用し，修正したものである。
　　柚木朋也：アブダクションに関する一考察　―探究のための推論の分類―，理科教育学研究 Vol.48, No.2, 日本理科教育学会, pp.103-113, 2007.
3) 三段論法の第一格AAAの形式である。
　　　　すべてのMはPである
　　　　すべてのSはMである
　　　　ゆえに，すべてのSはPである
4) 三段論法の第二格AOOの形式である。
　　　　すべてのPはMである
　　　　あるSはMでない
　　　　ゆえに，あるSはPでない
5) 三段論法の第三格OAOの形式である。
　　　　あるMはPでない
　　　　すべてのMはSである
　　　　ゆえに，あるSはPでない
6) 「第二の方法」で紹介した三段論法についても同様のことが言える。
　　すなわち，⑥Bocardoや⑨もハイポセシス（アブダクション）と言える。
7) 竹内均，上山春平：『第三世代の学問』，中公新書, pp.158-160, 1997.
8) パースは，「知覚判断は明らかにアブダクションの推理の極端な場合に他ならない」(5,185)という。知覚についてのパースの見解は，ハンソンにより論じられている。次の文献を参照のこと。
　　・Hanson, N. R. : Patterns of Discovery, Cambridge University Press, pp.4-30, 1958.
　　・N・R・ハンソン：野家啓一，渡辺博訳，『知覚と発見』，紀伊國屋書店, 1982.
9) アナロジー（類推）は，次のように定義されている。「類推は，類比または比論ともいう。二つの事物が，いくつかの性質や関係を共通にもち，かつ，一方の事物がある性質または関係をもつ場合に，他方の事物もそれと同じ性質または関係をもつであろう，と推理すること。」（『哲学事典』，平凡社, p.1488, 1971).

ポリアは,「類比は一種の相似である。」(柴垣和三訳:『数学における発見はいかになされるか1　帰納と類比』,丸善, p.13, 1959. (Polya, G.: Mathematics and Plausible Reasoning volume 1, Induction and Analogy in Mathematics: Princeton University Press, 1954.)) という。そして,「類比と他の種の相似との間の本質的相異は,私には考える当事者の意図がはたらくところにあるのだと思える。相似なものは何らかの点で互いに一致する。もし,あなたがその一致する面をはっきりとした概念にまで縮約しようと思うなら,あなたはそれらの相似なものを**類比**であるとみなすわけですね。もし,あなたが明白な概念にまで到達することに成功したなら,あなたはその類比を**明白**にしたことになりますね。」(G. Polya: 前掲書 p.13, 1959) と述べている。アナロジーにおいて,「考える当事者の意図がはたらく」という点は,アナロジーの心理的側面を浮き出させている。そして,ある場合には,論証的に,意図的に導かれる場合もあり得るし,偶然,発見する場合もあり得る。ただし,どの場合であっても,そこには,アブダクションが働いているように思われる。以上のように,推論に重要な役割を演じるアナロジーが,他の推論の合成されたものであり,心理的側面を強くもつとしても,その中に,アブダクションを含んでいることは重要である。

10) パースは次のように述べている。「ディダクションには二つの種類がある。それは,私が系的 (corollarial) と定理的 (theorematic) と呼ぶものである。系的 (corollarial) とはそれによってすべての系と定理といわれる多数のものが引き出されるところのものである。定理的 (theorematic) とはそれによって主な定理が引き出されるところのものである。……しかし,主な定理を証明するようになるとき,あなたはしばしば補助定理 (lemma) が必要であることに気付くだろう。それは,探究の主題外の何かについて証明された命題である。そして,補助定理が証明される必要がないとしても,その定理のテーゼ (thesis) が熟考しないところの何らかの定義を導入することが必要である。……」(7.204)。このことから,系的 (corollarial) なデイダクションは,形式①のディダクションに,定理的 (theorematic) なデイダクションは,形式③のアブダクティブなディダクションに相当すると考えられる。また,探究の過程の中で,「演繹は二つの部分をもつ。というのは,その第一の段階は,仮説を展開 (explicate) するために,論理的分析をしなければならない。すなわち,できるだけ厳密にそれを引き出すことである。このプロセスはリトロダクションと同様,論法 (argumenration) ではなく論証 (argument) である。しかし,リトロダクションと違って,それは経験の不足から違うはずはなく,それが正しく行われる限り,必ず真なる帰結にたどり着く。」(6,471) とあること

から，探究の過程の中では，形式③のアブダクティブなディダクションが必要であると考えられる。

　なお，パースは，「論証（argument）とは合理的に一つの明確な信念を作り出そうとする思考のあらゆる過程のことであり，論法（argumentation）とは明確に形式化された諸前提の上に進められる論証のことである。」(6, 456) としている。

11) 本論は，次の文献の一部から引用し，修正したものである。

　　柚木朋也：アブダクションに関する一考察 ―探究のための推論の分類―，理科教育学研究 Vol. 48，No. 2，日本理科教育学会，pp. 103-113，2007.

12) Dewey, J. : Logic, The Theory of Inquiry, Holt, Rinehart and Winston, New York・Chicago・San Francisco, Toronto・London, p. 9n. 1938.

13) 鳥居修晃：『視覚の心理学』，サイエンス社，1982，あるいは，鳥居修晃，望月登志子：『視知覚の形成 1』，培風館，1992（有馬道子：『パースの思想』，岩波書店，p. 9，2001，再引用）.

14) パースは，日常誰もが使用する一般的な方法である「役に立つ論理（logica utnes）」と論理学者や科学者などが用いる高度に洗練された「厳密な論理（logica docens）」を区別している。ただし，その区別は明確なものではない。

15) アリセダ（Aliseda, 2006）[*1]によれば，背景理論では説明できない驚くべき事実は，その事実の逆を背景理論で説明可能な変則（anomaly）とその事実の逆も背景理論で説明不可能な新規性（novelty）とに分けることができる。パースも次のように述べている。「驚きにもまた，能動的なもの（Active）と受動的なもの（Passive）がある；―前者は予想と積極的に矛盾するものを知覚する時であり，後者は積極的な予想はもたずにただ突飛なことへの疑義を欠いていて，―予期していなかった皆既日食のように―全く予想外な何事かが起こる時である。」(8, 315)。

　*1) Aliseda, A. : Abductive Reasoning-Logical Investigation into Discovery and Explanation, p. 47, Springer, 2006.

16) 例えば，「説明的仮説を採用する（adopting）操作」(5, 189)，「説明的仮説を形成する（forming）過程」(5, 171)，「仮説を選択する（choosing）過程」(7, 219) などである。それらは，ファン（Fann, 1970）によれば，「仮説の構築の過程」と「仮説の選択の過程」に分けることができるという（Fann, K. T. : Peirce's Theory of Abduction, pp. 41ff, Martinus Nijhoff, The Hague, 1970.）。ただし，パースはその区別を明確にしておらず，ファン自身，選択と構築が同じであることを示している。

17) post hoc ergo propter hoc の誤謬

post hoc ergo propter hoc を直訳すると「この後に，したがって，これ故に」となる。二つのできごとがある場合，はじめのできごとが次のできごとの原因であるとする誤謬である。

　この場合，仮説を定立するために，既知の事実を十分に見て，その結果として仮説を思考の上で吟味する。これは，次の④の形式でありアブダクションである。

④　　　B
　　　A → B
　　　∴　A

　しかし，仮説が確定し，その仮説をテストするために事実を観察し，仮説の評価を行うとすれば，その形式は以下の②の形式となり，インダクションとなる。

②　　　A → B'
　　　B'
　　　∴　A

　つまり，思考の順次性を考慮しなければ，二つの形式は同じものとなる。しかし，事実Bを観察するにあたり，仮説の可能性を考慮するために事実Bから出発し，観察する場合はアブダクションであり，仮説から事実B'を探し，仮説の検証を行う場合にはインダクションとなる。

18) 三中（2006）[*1)]は，系統樹の推定を行うにあたり，人工知能におけるアブダクションの研究史の中で大きな影響を及ぼしたジョセフソン夫妻によるアブダクションの定式化と仮説がベストであると判定されるための諸条件を挙げている。

　定式化は次のとおりである。

「前提1　データDがある。
　前提2　ある仮説HはデータDを説明できる。
　前提3　H以外のすべての対立仮説H'はHほどうまくDを説明できない。
　結　論　したがって，仮説Hを受け入れる。」

　三中は，「このようにアブダクションを定義すると，他の古典的な推論様式（演繹と帰納）とのちがいがみごとにあぶり出されてきます。」という。

　前提3に特色があり，仮説と他の対立仮説との比較を行うことに重点が置かれている。例えば，生物の同定などにおけるアブダクションでは，いくつかの仮説が候補としてすぐに思いつき，どの仮説を受け入れるかが仮説設定の中心になることも多いと思われる。パースのアブダクションの過程と比較すると，「選択された仮説が受け入れられるかどうかを吟味する過程」における経済性の理論に相当する部分である。

また，ジョセフソン夫妻による仮説がベストであると判定される諸条件の要約は次のとおりである。

「（1）仮説Hが対立仮説H'よりも決定的にすぐれていること。
（2）仮説Hそれ自体が十分に妥当であること。
（3）データDが信頼できること。
（4）対立仮説H'の集合を網羅的に比較検討していること。
（5）仮説Hが正しかったときの利得とまちがっていたときの損失を勘案すること。
（6）そもそも特定の仮説を選び出す必要性があるかどうかを検討すること。」

パースの経済性の理論と比較すると，三中の指摘にもあるように，すでに思いつかれた仮説の選択に特化されていることがわかる。アブダクションが最適な説明を選択するための推論であること（Inference to the Best Explanation（IBE））を支持するのは，ハーマン（Harman, 1965），サガード（Thagard, 1988），ジョゼフソン（Josephson, 1998），リプトン（Lipton, 2004）などである。しかし，マコーリフ（McAuliffe, 2015）は，IBEについて批判的である[*2]。

*1）三中信宏：系統樹思考の世界—すべてはツリーとともに，講談社現代新書，pp. 178-179, 2006.（Josephson, J. R. and Josephson, S. G.（eds.）: Abductive Inference: Comptation, Philosophy, Technology, Cambridge University Press, pp. 1-12, 1994.）

*2）Harman, G. H.: The inference to the best explanation, *The Philosophical Review*, Vol. 74, No. 1, pp. 88-95, 1965.

・Thagard, P.: Computational philosophy of science, Cambridge, MA: MIT Press/Bradford Books, 1988.

・Josephson, J. R.: Abduction-Prediction Model of Scientific Inference Reflected in a Prototype System for Model-Baswd Diagnosis, *Philosophica*, 61, pp. 9-17, 1998.

・Lipton, P.: Inference to the best explanation (2nd ed.). London: Routledge, 2004.

・McAuliffe, W. H. Q.: How did abduction become confused with inference to the best explanation?, Transactions of the Charles S Peirce Society, *A Quarterly Journal in American Philosophy*, pp. 1-35, 2015.

19）アブダクションの分類については，いくつかの分類が発表されている。ボンファンティーニとプローニは，アブダクションを三つの原理的なアブダクションに区別している[*1]。

アブダクションの1　結果から事例を推理するのに用いられる中間的法則は，義

務的，指導的，半ば自動的に得られるものである。
アブダクションの2　結果から事例を推理するのに用いられる中間的法則は，手近な百科全書的な知識から選り抜かれたものである。
アブダクションの3　結果から事件を推理するのに用いられる中間的法則は，新たに開発されるもの，つまりは発明されるものである。

*1) U. エーコ，T. A. シービオク編：小池　滋監訳，『三人の記号　デュパン，ホームズ，パース』，東京図書，p. 187, 1990.

ボンファンティーニとプローニの分類によるアブダクションの1は，知覚を含むいわゆる日常の論理であると考えられる。アブダクションの2とアブダクションの3の区別は，本書における「選択可能性」の中で，意識されるいくつかの候補の中にある場合と意識されるいくつかの候補の中にない場合にそれぞれ相当すると考えられる。

エーコによれば，アブダクションの1は過剰のコード化をふまえたアブダクション，アブダクションの2は過少のコードをふまえたアブダクション，アブダクションの3は創造的なアブダクションとしている。さらに，メタ・アブダクションという新しい概念を付け加えている[2]。

*2) U. エーコ，T. A. シービオク編：小池滋監訳，『三人の記号　デュパン，ホームズ，パース』，東京図書，pp. 290-323, 1990.

メタ・アブダクションは，創造的なアブダクションでは必ず必要であり，アブダクションによって示された世界がわれわれの経験の宇宙と同じであるかどうかを決定しようとするときに成立する。つまり，これはパラダイム変換につながる概念である。それは，次に述べる平田の理論規準アブダクション（theory-based abduction）と同じものと考えられる。

平田はアブダクションを5タイプに分類し，その特性を論じている[3]。

驚くべき事実とは背景理論（background theory）で説明できない事実であり，背景理論はルール（rule）の集合体であると考える。ルールについてのアブダクションをルール規準アブダクション（rule-based abduction），理論についてのアブダクションを理論規準アブダクション（theory-based abduction）と呼び，アブダクションをこの二つに分類する。さらに，それぞれを選択，発見，生成の3タイプに分類する。

① ルール選択アブダクション（rule-selecting abduction）
背景理論Pにおいて，驚くべき事実Cが生じたとき，背景理論Pの中からCを説明するA，すなわち，A→Cとなるルールと仮説Aを選択する。

② ルール発見アブダクション（rule-finding abduction）
背景理論Pにおいて，驚くべき事実Cが生じたとき，背景理論Pではなく，他の背景理論P'の中からCを説明するA，すなわち，A→Cとなるルールと仮説Aを発見する。

③ ルール生成アブダクション（rule-generating abduction）
背景理論Pにおいて，驚くべき事実Cが生じたとき，背景理論Pの中からCを説明するA，すなわち，A→Cとなるルールを生成し，仮説Aを生成する。

また，理論規準アブダクションも3タイプに分類する。

④ 理論選択アブダクション（theory-selecting abduction）
背景理論Bにおいて，驚くべき事実Cが生じたとき，Cが真となるようなA，すなわち，A→Cとなる理論Aを選択する。

⑤ 理論発見アブダクション（theory-finding abduction）
背景理論Bにおいて，驚くべき事実Cが生じたとき，Cが真となるようなA，すなわち，A→Cとなるルールと仮説Aを発見する。しかし，これは④の理論選択アブダクションと同じことになる。というのは，1セットの発見されるべき背景理論が必ず存在すると考えられるからである。

⑥ 理論生成アブダクション（theory-generating abduction）
背景理論Bにおいて，驚くべき事実Cが生じたとき，Cが真となるようなA，すなわち，A→Cとなる理論Aを生成する。

この分類をまとめると次の表のようになる。

rule-based abduction

（R1）	rule-selecting	$\dfrac{C{:}sf\ wrt\ P \quad A \to C\ in\ P}{A\ (set\ of\ atoms)}$
（R2）	rule-finding	$\dfrac{C{:}sf\ wrt\ P \quad A \to C\ in\ P'}{A\ (set\ of\ atoms)}$
（R3）	rule-generating	$\dfrac{C{:}sf\ wrt\ P}{A \to C\ in\ P \quad A\ (set\ of\ atoms)}$

theory-based abduction

（T1）	theory-selecting	$\dfrac{C{:}sf\ wrt\ B \quad A \vdash C}{A\ (theory)}$
（T3）	theory-generating	$\dfrac{C{:}sf\ wrt\ B}{A \vdash C \quad A\ (theory)}$

abduction の分類（by 平田）

　平田による分類では，ルールとそれらの集合体である理論に分けている．また，仮説の選択，発見，生成を区別している．平田はこの分類により，あらゆるアブダクションを説明できるという．しかし，実際にはルールと理論の区別は難しく，本書でも述べているように選択，発見，生成の区別は容易ではない．平田の分類は，有意義であると認めつつ，我々はルールと理論の区別や選択，発見，生成の区別にとらわれることなく，アブダクションの本質の部分に着目し，論を進めることとする．

*3) Hirata, K. : A Classification of Abduction: Abduction for Logic Programming, *Machine Intelligence* 14, pp. 397-424, 1995.

20) 我々は，ある候補があがれば，それを思考の上で様々な形で吟味する．もちろん，アブダクションの論理形式による（よらなければ仮説ではない）のであるが，吟味については，次の形式もよく用いられる．

> 驚くべき事実Cが観察される．
> しかし，もしAが真ならば，Cは真ではない．
> それゆえ，Aが真ではない．

　この論理形式はアブダクションとは異なり，妥当な推論である．いわゆる消去法の形式（前述の形式⑧）であるが，仮説の選択については重要な役割を果たす．

21) Koestler, A.: The act of creation, New York, Macmillan, p. 200, 1964.
22) 例えば，次を参照のこと。
    ・市川亀久彌：『創造性の科学 －図解・等価変換理論入門－』，日本放送出版協会，1970.
    ・市川亀久彌：『独創的研究の方法論 －自然科学と工学技術学の問題を中心として－』，三和書房（増補版），1960.
23) ポリアは，「類比はすべての発見の中に分け前を持っているように思われるが，ある種の発見においては最大の分け前を占めている。」という。
    柴垣和三訳：『数学における発見はいかになされるか1　帰納と類比』，丸善，序文 p. 18, 1959.
24) パースの経済性についての詳細は，(7,220～7,222) を参照のこと。
25) キース・J・ホリオーク，ポール・サガード：鈴木宏明，河原哲雄監訳，『アナロジーの力』，新曜社，pp. 23-24, 1998.
    「この他に，新しいアイデアを産出するためのメカニズムとして認知科学において議論されているのは，仮説推論と概念結合である」(pp. 439-440.)。概念結合 (conceptual combination) については，「科学的な観念も，既存の観念のルールを組み合わせることによって生成できる」としている。(J. H. ホランド，K. J. ホリオークほか：市川伸一ほか訳，『インダクション』，新曜社，p. 396, 1991.)
26) 戸田山和久：『「科学的思考」のレッスン』，NHK出版，pp. 88-116, 2011.
27) ibid., 26), pp. 88-97.
    戸田山によると，①帰納法とは個別の例から一般性を導く推論。②投射とは「これまでの個別例ではすべてAの性質だった，だから，次のケースでもAだろう」という推論。③類比とは，「二つのことがらはかくかくという点で似ているから，それ以外の点でも似ているんじゃないのかな」という推論とされている。
28) アインシュタインによれば，「経験をいくら集めても理論は生まれない」[1]，「物理の基礎概念へと導いてくれる帰納的な方法などは存在しない。……間違っているのは，理論は経験から帰納的に出てくると信じているような理論家たちである」[2]である。
    *1)『NHKアインシュタイン・ロマン』（第一巻）―黄泉の時空から（NHKアインシュタイン・プロジェクト，日本放送出版協会，p. 71, 1991.)（米盛裕二：『アブダクション　仮説と発見の論理』，勁草書房，p. 38, 2007. 再引用）
    *2) ウィリアム H. デイヴィス：赤木照夫訳，『パースの認識論』，産業図書，p. 72, 1990.

29) 楠見孝：帰納的推論と批判的思考，市川伸一編，『認知心理学4 思考』，東京大学出版会，p. 43，1996.
30) 鈴木宏昭：説明と類推による学習，波多野誼余夫編，『認知心理学5 学習と発達』，東京大学出版会，p. 156，1996.
31) ibid., 30)，p. 159.
32) キース・J・ホリオーク，ポール・サガード：鈴木宏明，河原哲雄監訳，『アナロジーの力』，新曜社，pp. 324-325，1998.
33) ibid., 30)，pp. 169-170.
34) S・アリエティ：加藤正明，清水博之訳，『創造力 ―原初からの統合―』，pp. 87-91，新曜社，1980.
　精神科医であるドマルス（Eilhard von Domarus, 1944）が，多くの患者の症例から見つけた論理的系統的論述を試みたとされるもので，フォン・ドマルスの原理「正常の（二次過程の）思考では，同一性は同一の主語という基盤にのみもとづいているが，古論理的な（一次過程の）思考では，同一の述語を基盤として受容される」として知られている。(ibid., p. 56.)
35) 例えば，以下の文献を参照のこと
・木村敏：『異常の構造』，講談社現代新書，1973.
・丸山圭三郎：『言葉と無意識』，講談社現代新書，1987.
・中村雄二郎：『西田幾多郎』I，岩波書店，2001.
・山本英一：言語研究の底を流れる思想を考える ―推論様式を手掛かりとして―，外国語教育研究　第16号，pp. 47-61，2008.
36) 近藤洋逸，好並英司：『論理学概論』，岩波書店，p. 204，1964.
37) 和田信哉：数学教育におけるアブダクションの基礎的研究 ―形式の観点からの検討―，数学教育研究43(2)，新潟大学教育学部数学教室，pp. 4-10，2008.
38) 4枚カード問題（ウェイソンの選択課題）

　一方の面には数字が，他方の面にはアルファベットが書いてあるカードが何枚かあります。この中から4枚のカードを選んで，片方だけが見えるように並べたとします。
　　　　　　　　E　　　K　　　4　　　7
　さて，これらの4枚のカードについて，
　「もしあるカードの片面に母音が書いてあるならば，そのカードのもう一方の面には偶数が書いてある」という規則が成り立っているかどうかを確かめたいの

ですが，そのために裏面に何が書かれているかを必ず見なければならないカードだけを選んでください。

この問題は，正答率が低いことで有名である。一般に正答率は，10％程度である（Johnson-Laird & Wason, 1970）。小・中学校理科長期研修における教員を被験者にした場合，約16％の正答率が得られた。

次は，4枚カード問題の飲酒バージョンである。

この課題では，あなたは勤務中の警官であると想像してください。あなたの仕事は，人々がある規則を守っているかどうかを確かめることです。あなたの前にあるカードには，テーブルについている4人の人々についての情報が書かれています。カードの片面には人の年齢，カードのもう一方の面にはその人が飲んでいるものが書かれています。規則は次のとおりです。
「もしある人がビールを飲んでいるならば，その人は19歳を越えていなければならない。」
人々が規則に違反しているかどうかを決定するために明らかに必要なカードを選んで下さい。

| ビールを飲んでいる | コーラを飲んでいる | 16歳 | 22歳 |

この飲酒バージョンと呼ばれるものでは，アメリカの大学生を被験者にして，70％の正答率が得られている（Griggs & Cox, 1982）。小・中学校理科長期研修における教員を被験者にした場合，92％の正答率が得られた。

ここで4枚カード問題の飲酒バージョンとオリジナルの問題との差異は，次のようなことである。

① 飲酒バージョンでは，数字やアルファベットなどの抽象的な材料ではなく，**具体的な材料**を扱っていること
② それが単に具体的であるというだけでなく，現実世界における被験者の**経験**に密接に結びつく材料であったこと（Griggs & Cox, 1982）
③ オリジナルの問題が，「規則が成り立っているかどうかを確かめる」という**規則成立の確認**の問題だったのにたいして，飲酒バージョンでは，規則に「19歳を越えていなければならない」という**義務の意味**あいが含まれており，この規則に**違反**しているものを探す課題になっていること
④ 被験者にたいして「警官であると想像する」ような**シナリオ**を教示したこと

(Pollard & Evans, 1987)

(高橋和弘, 服部雅史:演繹的推論, 市川伸一編:『認知心理学4 思考』, 東京大学出版会, p.29, 1996.)

39) アインシュテルング効果は, なじみ深い考えによって引き起こされた最初に思い浮かぶ考えが, よりよい解決策を見つけるのを妨げる場合に起こる現象のことである。ルーチンス (Luchins, 1942) の水差し実験が有名である。

「水差しを思い浮かべ, 簡単な算数をする問題だ。容量の異なる空の水差しが3つ, 例えば21ccと127cc, 3ccの容器があり, これらの間で水を移し替えて, きっかり100ccを量り取るには？ 何回でも好きなだけ移し替えてよいが, 各回とも移し先の容器は満杯にしなければいけない。

上の問題の答えは, ①2番目の容器を127ccの水でいっぱいにし, ②それを1番目の容器に注いで21ccを除くことで106ccを残し, ③ここから3番目の水差しに2回移して6ccを減らすことで100ccにする－という3段階の手順となる。ルーチンスは基本的にこれと同じ3段階手順で解ける問題をさらにいくつか被験者に示した。被験者はこれらを簡単に解いた。ところが, もっと簡単で手順の少ないやり方ですむ別の問題を示されると, 正解を見つけられなかった。

例えば23ccと49cc, 3ccの容器を使って20ccを量り取る問題だ。答えは明らかだろう。最初の容器を満杯にしてから, 3番目の容器に注げばよい。23－3＝20だ。だがルーチンスの実験に加わった被験者の多くは, この簡単な問題を以前の3段階手順で解いた。2番目の容器から1番目の容器に注いだ後, 3番目の容器に2回移すという手順を踏み, 49－23－3－3＝20としたのだ。そして, 2段階ですむ解があるが慣れ親しんだ3段階手順では解けない問題を提示すると, 被験者たちはそんな量り取りは不可能だといって降参した。」(M. ビラリッチ, P. マクラウド:アインシュテルング効果 －良案が排除されるわけ－, 別冊日経サイエンス201 意識と感覚の脳科学, p.43, 2014.)

詳細は以下の文献を参照のこと。

・Luchins, A. S. : Mechanization in problem solving - the effect of Einstellung, *Psychological Monographs,* 54, No. 6, pp. i-95, 1942.
・Bilalic', M., McLeod, P. and Gobet, F. : Why good thoughts block better ones: The mechanism of the pernicious Einstellung (set) effect, *Cognition* 108, pp. 652-661, 2008.
・Sheridan, H. and Reingold, E. M. : The Mechanisms and Boundary Conditions of the Einstellung Effect in Chess: Evidence from Eye Movements, *PLoS One,*

Vol. 8, No. 10, journal.pone.0075796, 2013.

・M. ビラリッチ，P. マクラウド：アインシュテルング効果 —良案が排除されるわけ—，別冊日経サイエンス201 意識と脳の脳科学，pp. 43-47, 2014.

40) T. A. シービオク，J. ユミカー＝シービオク：富山太佳夫訳，『シャーロック・ホームズの記号論』，岩波現代選書，pp. 16-17, 1981.

41) ibid., 40), p. 16.

42) U. エーコ：池上喜彦訳，『記号論Ⅰ』，岩波現代選書，p. 213, 1980.

43) ibid., 42), p. 213.

第Ⅱ章　理科教育とアブダクション

第1節　アブダクションと学習

　理科教育において，問題解決の能力の育成は欠くことのできないものである。問題解決の能力の育成で特に重要なのは適切な推論を行う能力の育成である。推論の能力の育成には，領域固有性の問題があり，どのような対象についてどのような方法を行うかについての問題はある。しかし，科学的探究の過程を経ながら，自然の事物，現象などに関して学習することは必要であり，そのような学習を通じて，推論，創造性などの能力が培われるとともに科学的な見方や考え方（科学観）が養われると思われる。ここでは創造性を「新しいものを作り出す能力」と定義する。新しいものを作り出すためには推論が必要であり，創造性は推論と深く関係する。特に，「説明的仮説を形成する過程であり，何らかの新たな観念を導入する，唯一の論理的な操作である」(5,171)アブダクションが創造性の鍵となる。例えば，ポリアは，「数学者の創造的仕事の結果は，論証的推論であり，証明である。しかしその証明は，蓋然的推論によって，推測によって発見されるのである。」[1)]といい，さらに，次のようにいう。「私は推測を学ぶのにとても簡単な方法があるとは信じません。とにかくそんな方法があるとしても私はそれを知りませんし，そして確かに，以下のページにおいて，それを提供しようという素振りはいたしません。蓋然的推論を有効に使うことは実際的実技であり，他の任意の実際的技法と同様に，模倣と練習によって学ばれるものです。私は，蓋然的推論を学ぼうと熱心に望む読者のために全力を尽くすとするでしょう。が私が提供できることは，模倣のための例題と練習のための機会とにすぎま

せん。」2)という。創造や発見を可能にするような簡単な方法はないというのである。なお，ここでポリアのいう推測はパースのアブダクションとほぼ同義である3)。

　もし，ポリアが正しいとすれば，推論の能力の育成や創造性の育成に有効な方法とは蓋然的推論を有効に使用する実際的技法を習得するための模倣と練習を行うことであり，教育的な観点からは，その実現を図ることが重要となる。ここで，我々は「蓋然的推論を有効に使うことが実際的実技である」としていることに注目する必要がある。推論の能力の育成や創造性の育成は，少なくとも，ある面では推論に関する技術であり，それは習得可能なのである。もちろん，推論の能力の育成や創造性の育成には，知識，性格，環境，経験などをはじめとして多くの要因が関係すると思われる。しかし，推論について，特にアブダクションに関する模倣と練習が重要であることは確かであると思われる。

　ところで，アブダクションは，境界なしに連続的に知覚判断に溶け込むことから，日常のあらゆる場面で使用されていると考えることもできる。極論すれば，推論の能力の育成は，日常的に行われていると考えることもできる。しかし，ただ何となく無意識に日常を過ごすだけでは，能力は高くならない。では，どのようにすればよいのであろうか。ここでは，新しい言葉の習得を例に考える。例えば，「矛盾」という語の意味が分からない場合について考える。最初に，「矛盾」という語を会話の中で初めて聞いたとき，あなたはどのように考えるだろうか。わからない言葉は無視するかもしれない。また，わからないまま特に気にすることもなく放っておくかもしれない。あるいは，その言葉の意味やどのような漢字なのかを相手に聞くかもしれない。あるいは，自分なりにその言葉の意味を考えるかもしれない。新しい言葉を導入するはたらきはアブダクションによって行われる。前後の会話文や状況から，自然に（ほとんど無意識に）新しい言葉を習得することも考えられる。これは，知覚判断に近いものと考えられる。しかし，ある場合には，その言葉の意味

を前後の会話文や状況から推測することがある。そして，「もし矛盾という言葉の意味がAならば，会話文の意味が当然の結果となる。ゆえに，矛盾の意味はAである。」というアブダクションを行う。「矛盾の意味がAである」は，一種の仮説であり，正しいとは限らない。しかし，別の機会に「矛盾」という言葉を聞き，推測した意味が文脈や状況に適応したとき，「矛盾の意味はAである」という仮説は強められる。このようにして，新しい言葉（知識）が得られる。この場合には，今までその人がもっている言葉の領域を超えて，新しい言葉の領域を形成する。

　一方，「矛盾」の意味を辞書を使って調べることも考えられる。広辞苑によれば，矛盾の意味の一つとして，「ことの前後のととのわないこと，つじつまの合わないこと，自家撞着」などとなっている[4]。これは，その人がもっている言葉の領域に存在している別の言葉と関係付ける方法である。その説明の言葉が分からないときは，さらに辞書による新しい関連付けをすることにより，関連付けを広げ，理解することができる。言葉は，他の言葉との関係によって存在するから，この方法によっても言葉（知識）を増やすことができる。ただ，この方法では，すでにその人がもっている言葉の領域を超えて知識を増やすことが難しい。もちろん，この方法の場合でも，概念の受け入れに関してアブダクションが関係する。しかし，その影響は，小さく目立たないものである。

　以上，一つの概念の受け入れについても，概念を受け入れる方法には差異があり，その結果，能力の育成に違いが生じると思われる。限られた時間の中で効率よく知識や技能を学習させることは，現在の学校教育においては重要なことであり，そのためには，後者の方法のように体系的な知識などを受容学習させることも必要であると思われる。実際，知識，理解が主体の試験を目標に学習する場合，その効率からどうしても「教え込み」「学習の管理」を押し進めていく傾向が強くなりがちである。しかし，人間を受動的で無能な存在と見る学習観にもとづいて「教え込み」「学習の管理」を押し進めて

いくと，学習者も受動性と無能性を示してくるのだという5)。また，池田 (1981) は，「学習とは，コードの増殖である。このためには，アブダクションが不可欠である。アブダクションによって，まず暫定的にコードを変える試みがなされねばならない。学習をこのようにとらえると，その基礎として何が必要かがみえてくる。学習の基礎は，以後の学習過程においてコード増殖が活発に行なわれるための要件を整えることである。特に，コード増殖の前提であるアブダクションが活発に行なわれるための要件を整えることである。この要件が整えば，アブダクションは活発にひきおこされ，コードが増殖する。この要件を整えることこそが，学習の基礎を作ることにほかならない。」6)と述べ，学習におけるアブダクションの重要性と様々な経験の重要性を主張している。

　いうまでもなく，あらゆる知的な学習は，アブダクション，ディダクション，インダクションと直接，間接的にかかわる。ただ，かかわり方すなわちレベルが問題であり，どのような推論を行うかによって，学習の質が左右される。未知の問題解決の第一段階としてアブダクションを始める場合と模倣によって課題を解くドリルでは大きな差がある。模倣によって課題を解くドリルでは，アブダクションが非常に狭められた形で存在している。すなわち，推論の前提がはっきりしており，ディダクションを中心に推論が進む。そのため，アブダクションの担う役割が少ない。このような学習を繰り返し行うだけでは，ディダクションの能力を高めることはできても，アブダクションやインダクションの能力を高めることはあまり期待できない。もちろん，ディダクションの能力を高めることはアブダクションやインダクションの能力を高めることに繋がり，また，ディダクションの中にもアブダクションの要素が入っている。ただし，学習は経済的に行われなければならず，推論のバランスも大切である。そのため，学習方法が重要となる。

　そこで，まず考えられるのは，歴史上の科学的な発見を学習のテーマに選ぶことである。歴史上の科学的な発見については，素晴らしいアブダクショ

ンが多数見られ，科学の発展に寄与してきた。しかし，それらのアブダクションは，我々が練習として取り上げるには困難であり，かつ，多くの時間を必要とする場合が多い。もちろん，必要な場合には，時間と労力を最大限に使用し，アブダクションを行うことも重要である。しかし，一般的には実用的ではない。実用的な方法としては，短時間でできる小さな発見やわずかな工夫で解決可能な課題を練習として取り上げることが考えられる。こうした課題には様々なレベルがあり，必ずしも系統的に整理できるものではないように思われる。しかし，そうした練習を積み重ねることで推論の能力が育成されると考えられる。そして，徐々に難解な課題に挑戦することにより，その能力を高めることできると思われる。

　以上の議論から，アブダクションに関して有効と考えられる主な方策は次の3点と考えられる。
① 動機付けを行い，学習の環境を整えること
② 知識，経験（できれば体系化されたもの）を可能な限り，多く獲得させること
③ アブダクション及び科学的探究の方法について模倣練習させること

　①については，アブダクションが心理的側面を強くもつことから容易に導かれる。学習者が自ら学習に対して意欲的，主体的になる内発的動機付けは重要である。そのための学習の環境を整えることは，指導者の大きな仕事であり，あらゆる学習のための基本的要件であると思われる。そして，アブダクションが驚くべき事実（動機と関係する）から始まることを考慮することが重要である。

　②については，アブダクションの論理形式から容易に導かれる。まず，説明的仮説を定立するためには，選択すべき仮説がなければならない。仮説は知識や経験がなければ，選択することも創ることもむずかしい。知識，経験が多いだけでは十分とはいえないが，少ないよりは有利である。そして，知識，経験は，体系化されたもの，すなわち，仮説として選択しやすい，ある

いは，創りやすいことが重要である。これは，知識，経験はそのままの形で仮説となるのではなく，驚くべき事実を説明するための結び付きが必要であるからである。

③については，アブダクション，すなわち，後件から前件への推論の方法を学ぶことが必要である。それは，探究の方法につながっている。特に，科学的な探究においては，このことが重要である。探究の方法は，実際的な経験を通して繰り返し練習することにより少しずつ学ぶことのできる実際的技法であり，それは，模倣と練習によって学ぶことができるのである。

以上の3点に留意しつつ，推論を重視した理科教育を行うことが重要であると考える。

第2節　推論を重視した指導例

アブダクションを導くためには，驚くべき事実を提示することが最も簡潔である。ただし，驚くべき事実を提示するためには，その事実が驚くべき事実となるような思考の枠組みを知ることが必要である。それは，学習者によって異なるため，その枠組みを知ることが効果的に学習を進めるためのポイントとなる。

ここでは，Y中学校における3年生を対象に行った地学実習[7]について検討する[8]。この実習は，地質分野の内容を学習後に行った。また，実習前には郷土の地質史を学習し，移動のバスの中でも地質について地形と関連付けながら学習した。こうした学習をすることで，ある程度共通の枠組を設定することができる。

最初の観察のポイントである「滝」の成因について考察する。滝は様々な成因でできるが，この滝は断層によってできたと考えられる落差数メートルの小さな滝である（図1）。

まず，滝に注目させ，滝の成因について考えさせる。ポイントは，滝は川

第Ⅱ章 理科教育とアブダクション　79

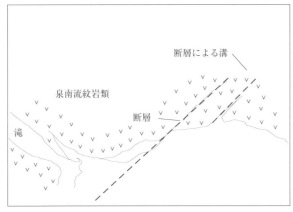

図1　観察ポイントの「滝」

底の高低差がある場合にできること，すなわち，段差が関係することである。意見を聞き進めると，段差の原因として，「断層」と「侵食」という二つの答が返ってくる[9]。「侵食」は，地質の硬さが異なることにより段差ができることを意味している。ここで，滝が「断層」，あるいは「侵食」によりできたという二つの仮説が設定される（図2）。「滝」の観察から仮説設定までの段階がアブダクションである。

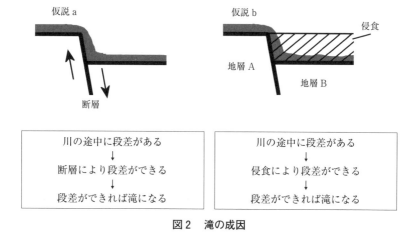

図2　滝の成因

```
    仮説 a              仮説 b
    段差               段差
    断層 → 段差        侵食 → 段差
    ∴断層              ∴侵食
```

　これらは，前述の形式④のタイプでアブダクションである。ここで，「断層」又は「侵食」という仮説を出すためには，「断層」又は「侵食」について知識をもっていなければならない。そして，その知識と「段差」を結び付かせるために，意識上に上らせる必要がある。仮説 a は「断層」という現象を知っていれば比較的易しいと思われる。仮説 b は難しく，滝という事実から「地質の違い」まではなかなか出てこないと思われる。そこで，事前学習やバスの中で地質による地形の違いや，川底が硬い地質では川は浅く，軟らかい地質では川が深くなることなどをあらかじめ説明した。

　実際の実習では，「滝」の観察からその成因を考えることは難しいようであった。そこで，「滝というのはどういう地形なのか？」という質問をすることにより，「段差」に着目させた。また，「何もないのに段差ができるの

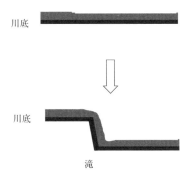

図3　生徒の思考を助けるための図

か？」といった質問をすることにより，生徒から「断層」又は「侵食（地質の硬さ）」という意見がででできた。「断層」については，すでに学習していたので，「段差」→「断層」と直接的に結び付いたと思われる。一方，「侵食」については，事前学習や水で侵食された滝壺などの様子から想起されたものと思われる。ただし，これらの意見が出てこない場合には，なめらかな川底と段差のある川底を図示すること（図3）が効果的な場合もあった。

　このように，教員の質問や着目のさせ方が生徒の思考に大きな影響を与える。生徒から出た意見を整理し，二つの仮説を設定したあと，どちらの成因でできたのかを調べるように促した。しかし，ほとんどの生徒は何を見ていいのかがわからなかったようである。多くの生徒がとまどった原因は，自然の観察のさせ方に問題があったからと思われる。生徒の中では，「侵食」という意見が多かったが，その根拠を示すことができなかった。仮説を設定した場合，次にするべきことは仮説を十分に吟味し，その仮説から事実によって仮説を検証できる帰結を導きだすことである。これがディダクションの段階である。ディダクションが不十分であると，何を見ていいのかが不明確なままの観察となり，十分な成果を上げることができない。

　ここで，地質の違いによる「侵食」の結果であるという仮説を認めるとす

れば，どのようなことがいえるかを考えさせる．もし，「侵食」の結果であるとすれば，地質が滝の上流と下流で異なっている可能性が高い．したがって，次のように考えることができる．

仮説 b について

```
侵食
侵食 → 地質が滝の上下で異なる
∴ 地質が滝の上下で異なる
```

これは，前述の形式③のアブダクティブなディダクションである．しかし，「侵食」から「地質が滝の上下で異なる」を引き出すことは，機械的にできるのではなく，アブダクション的な要素を含んでいる．というのは，「侵食」から引き出す帰結は多くあり，そのうちのどれを採用するかという問題になるからである．

さて，「地質が滝の上下で異なる」ことを確かめるには，実際に河床を調べる必要がある．もし，確かめた結果，異なる地質であった場合，次のようになる．

```
侵食 → 地質が滝の上下で異なる
地質が滝の上下で異なる
∴ 侵食
```

これは，前述の形式②のインダクションである．しかし，いずれも硬い泉南流紋岩であり，違いがないことが明らかになると仮説 b の蓋然性は小さくなる．

```
侵食 → 地質が滝の上下で異なる
地質が滝の上下で同じである
∴ 侵食ではない
```

これは，前述の形式⑥の対偶にあたる．

同じように，断層によるものであるという仮説 a を認めるとすれば，その結果，どのようなことがいえるかを考えさせる．例えば，断層というのは，

川の流れている所だけで生じるものではなく，ある程度の範囲にわたって生じることが多い。したがって，次のように考えることができる。

仮説 a について

断層
断層　→　滝の所から他の場所へ続く
∴　滝の所から他の場所へ続く

　実習では，「滝の所だけに断層があるのか？」という質問をしたところ，何人かの生徒が滝の断層につながる溝を発見した。そこで，その延長線上に断層が見られるかどうかを調べることにした。

　これらの段階で生徒は視点をもって観察し，さらに仮説が正しいか，あるいは修正すべきか，全く考え直すべきかを判断する。これが，インダクションの段階である。このように，アブダクションから始まり，ディダクションを経て，インダクションで終わる探究の過程を踏ませるわけである。このように，自然の観察では探究の過程を考慮しつつ，視点をもって観察させることが大切であると考える。

　以上，「滝」について生徒の思考の流れを追ってきた。このように，この実習では，自然を観察させる中で教員が疑問を投げかけ，それを生徒が解決する方法を中心に進めた。その結果，興味，関心面についても，だんだんと生徒の取組が変わり，実習は順調に進んだ。

　実習後のレポートは，学習した各項目について，実習前に知っていた度合いと実習後に理解した度合いを自己評価させるとともに，理解したこと，感想・意見や反省も書かせた。図4は学習した各項目について，実習前と実習後との自己評価を数値化したグラフである。各学習項目とも大幅に向上している（対応のある2群間の比較（Wilcoxon符号付順位和検定）では，すべての項目で $p=0.001<0.05$ であり，向上は有意であった）[10]。

　なお，自然の見方・考え方についての評価は難しいが，以下の感想などから認識の変化をある程度知ることができる。

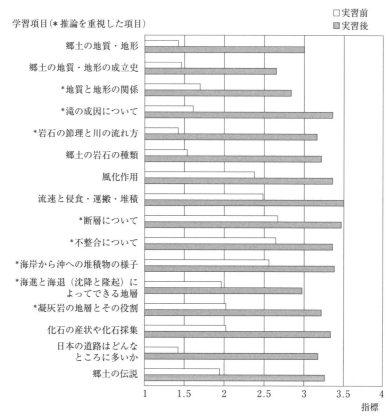

図4　生徒の提出した評価（n=112）

各項目について，実習前と実習後にそれぞれ4段階で回答したものを集計し，数値化した。

実習前に知っていた度合い
　よく知っていた◎　　まあまあ知っていた○　　あやふやだった△　　全く知らなかった×
実習後の理解の度合い
　う～んなるほど◎　　ふ～んそうか○　　もう少し説明がほしい△　　ちんぷんかんぷん×

指標は，◎を4，○を3，△を2，×を1として，それぞれの項目についての平均をとったものである。

○「(前略) 私はあまりのすごさにびっくりしている。海の底でたい積したものが時がすぎていくにつれていつのまにか山の頂上まで隆起している。それに，なにげなく見ている川でもいろんなことがあったんだなーと思い，前に比べて自然の様子をなにげなくみるのではなくて，自然の今までの歴史を考えながら見ていきたい。」
○「滝のでき方とか，川の流れ方は，いつも何気なく見ていただけだったのに，意外なことがたくさんわかってよかったと思う……」
○「(前略) 今まで山を歩いていても岩とか見ていても何とも思わなかったが山や川や岩には色々なことがきざまれているんだなと思った。なんだか，一億年も昔の岩をさわっていると思ったらドキドキするというか変な気持ちだった。……」
○「(前略) 私は実習に行くまえは，正直いって，いったっておもしろくないし，しんどいだけだと思って，バスに乗りこんだ。でも，歩きながら，自分の目で見て，さわって，地層のよさというか昔のことがいろいろ知れてうれしかった。……」

内容に関しては様々であるが，「化石」や「自然の壮大さ」に関するものが多かった。

さて，この実習のポイントを整理すると次のようになる。

① 目前に存在する自然を教材とする。
② 指導者が疑問を投げかけることで，自然を驚くべき事実（解決すべき課題）に昇華させる。
③ 指導者が探究の三段階や推論について把握した上で，適切に助言，指導を行い，疑問の解決に向かわせる。

自然は何気なく見ていたのでは，何も語りかけてくれない。そこで，学習者が「不思議だ？」「なぜ？」と思うように，指導者が興味付けをしたり，疑問を投げかけたりすることが重要である。もちろん，学習者自身が自ら疑問をもつようになると理想的である。そうした疑問を解決するためには，仮説を立てる必要がある。そのためには，必要な情報を整理し，適切に学習者に提示する必要がある。以上のように，自然というすばらしい教材を生かす学習として，推論を重視した指導は効果的であることが明らかになった。

第Ⅱ章；註及び文献

1) G. ポリア：柴垣和三訳，『数学における発見はいかになされるか 1帰納と類比』，丸善，序文 p. 4, 1959.
2) ibid., 1), 序文 p. 5.
3) ポリアは帰納的推論，類比的推論も蓋然的推論の特別な場合であると考えている。そして，蓋然的推論のいくつかのパターンについて定式化し，論じている。
   G. ポリア：柴垣和三訳，『数学における発見はいかになされるか 2発見的推論―そのパターン』，丸善，1959.
4) 新村出編：『広辞苑第5版』，岩波書店，1998.
5) 稲垣佳世子，波多野誼余夫：『人はいかに学ぶか』，中公新書，pp. 16-17, 1989.
6) 池田久美子：「はいまわる経験主義」の再評価―知識生長過程におけるアブダクションの論理，教育哲学研究(44), p. 28, 1981.
7) 本実習については，次の文献を参照のこと。
   文部科学省：『個に応じた指導に関する指導資料 ―発展的な学習や補充的な学習の推進―（中学校理科編）』，野外観察に関する指導事例，教育出版，pp. 147-155, 2002.
   なお，資料の作成などについて，以下の文献を参考にした。
   ・加藤磐雄，山本達夫，阿部正宏，室井勲，内井道夫：『図説 大阪の岩石―Ⅲ―』，大阪府科学教育センター，1971.
   ・柴山元彦，浅野浅春：地学野外実習について ―中・高理科―，研究集録第20集，pp. 103-112, 大阪教育大学教育学部附属天王寺中学校・大阪教育大学教育学部附属高等学校天王寺校舎，1977.
   ・柴山元彦，浅野浅春：地学野外実習について ―生徒の評価と指導者の評価―，研究集録第21集，pp. 19-39, 大阪教育大学教育学部附属天王寺中学校・大阪教育大学教育学部附属高等学校天王寺校舎，1978.
   ・柴山元彦，浅野浅春：地学野外実習について ―野外実習の評価―，研究集録第23集，大阪教育大学教育学部附属天王寺中学校・大阪教育大学教育学部附属高等学校天王寺校舎，1980.
   ・小垣廣次：『岸和田の土と草と人』，泉文社，1985.
   ・鱓谷勉，平松昭博，柚木朋也：(1989)地学実習指導についての一考察，教育研究紀要 No. 845, pp. 72-74, 岸和田市立教育研究所，1989.
   ・柚木朋也：貝塚市蕎原周辺を利用した地学実習について，「理数」中理編平成5年2月 No. 436, pp. 1-7, 啓林館，1993.

8）本論は，次の文献を加筆，修正したものである。
　　柚木朋也：アブダクションに関する一考察　—探究のための推論の分類—，理科教育学研究 Vol. 48, No. 2, 日本理科教育学会，pp. 103-114, 2007.
9）一般の滝の成因については，ここで述べているような単純な理由ではなく，様々な成因が考えられる。例えば，火山活動や地滑りなどによる堰止めや，硬い岩脈などによるもの，人工的なものなども考えられる。一般的には，断層が成因の一因となることはあっても，断層そのものによる滝は少ないと云われている。
10）実習後の生徒による自己評価では，「滝の成因について」は，う〜んなるほど（よく分かった）が44%，ふ〜んそうか（分かった）が47%，もう少し説明がほしい（あまり分からなかった）が8%，ちんぷんかんぷん（全く分からなかった）が0%であり，多の項目と比較して比較的理解度は高かった。また，提出したレポートの結果では，理解して記述できていたのは，99/116名，空欄が6名，不十分な記述が11名であった。

第Ⅲ章　教材開発とアブダクション

第1節　アブダクションと教材

第1項　教材

　教材は，教育を行う上で欠かせないものである。特に，理科教育にとっては，教材の良し悪しが授業の成否にきわめて大きな影響を及ぼす。それは，「理科は，自然の事物・現象を対象とする教科である。」[1)]からであり，膨大な自然という対象から適切な内容を学ぶためには適切な教材が必要であるからである。また，自然を調べる能力と態度の育成についても，すぐれた教材の存在が必要不可欠である。

　理科教育のための教材は数多くあり，改良が繰り返されてきたものも多い。また，メーカーなどによって供給されているものも多い。それらの中には，改良の余地がないほど完成されたものや長年にわたって伝統的に使用されているすぐれた教材も多い。しかし，学習指導要領の改訂や地域的な教材の必要性などから今後もよりすぐれた教材の開発は必要であると思われる。例えば，井出（1978）は，「ある教育目標を達成するための教材は無数にあるわけで，いわゆる教科書を教えるのではなく，教科書で教えるという立場をとるならば，教師は自分の学校と児童生徒の学習に最も適した教材を選ぶべきであり，また開発を進めるべきである。」[2)]と述べ，さらに，「教材教具の開発は理科の教師の創造性を最もよく発揮できる場であり，このことは生徒にも刺激を与えその創造性を伸ばすにも役立つものである。」[3)]と教材開発の意義を述べている。

学習指導要領では,「目的意識をもった観察,実験を行うこと」の重要性が指摘されている。このことは,観察,実験の方法に大きな影響を与えるとともに,教材の在り方についても影響を与えている。というのは,目的意識をもった観察,実験を行うということは,必然的に科学的探究の過程を重視することになり,そのためには,教材そのものにもそうした要素をもつことが要求されるからである[4]。

　なお,授業で用いられる教材は,指導の在り方と深い関係をもつ。探究の過程の要素をもつ教材には,特に,個に応じた指導の在り方が求められる。それは,探究の過程において,個人的な思考の営みが大きな役割を占めるからである。ここではその中で,主として「発展的な学習」にかかわる教材について述べる。「発展的な学習」は,学習者が新たに仮説をもちやすい点で探究的な学習に適している。未知の問題に対する能力の育成などを考えた場合,発展的な教材を使った「発展的な学習」は大きな意義があると考える。

　理科における「発展的な学習」の教材として,横に広げる教材と縦につなげる教材とが挙げられる。横に広げる教材では,既に学んだことを生かして関連した事柄についてより深く学習するなど,学習者はばらばらな知識をつなげて学習内容と日常生活を関連付けたり,「ものづくり」などによって原理がどのように機能しているかを把握したりすることができる。その結果,広がった世界に対する理解が深まる。そのための教材としては,身近な素材や日常生活と関連したもの,興味,関心を呼び起こすもの,実感や体感が得られるもの,理解を促進するものなどがあり,その手法としては,視聴覚機器やコンピュータなどを挙げることができる。縦につなげる学習では,学習者から見て,より高次の概念形成やより高い思考力を要する内容を学習することなどが考えられる。その際,既習の学習内容との関連性をもたせることが大切である。そのための教材としては,日常生活との関連を発展させたもの,興味・関心を高めるもの,予想と異なる結果を示すもの,技能や考え方を発展させるものなどが挙げられる[5]。

本論では，以上の点を考慮しつつ，アブダクションを誘発させ，興味，関心を喚起させる教材についても取り上げることとした。人間は，自然の事物や現象を今までの知識や枠組みを通して観察する。もし，今までの知識や枠組みで上手く説明できない現象（驚くべき事実）を観察すると疑問が生じる。疑問が生じれば，それを解消するために探究が始まる。その第一段階がアブダクションであり，アブダクションを誘発させる教材がアブダクション教材である。

アブダクション教材は，仮説の発想を促し，探究へと誘うため，授業の最初の方で用いられることが多い。しかし，単なる導入実験で使用される教材とは異なり，仮説の発想を促し，探究へと誘うところに特徴をもつ。例えば，次のような教材を挙げることができる。

① 驚くべき事実や予想外の結果を示す教材
② 視点を変えると疑問が生じ，不思議なことであることに気付く教材
③ 学習者にとって未知の現象や新しい世界を示す教材

①は，アブダクション教材の最も本質的な特徴を示している。例えば，水素と酸素で発電する燃料電池は，水の電気分解と気体としての水素や酸素を知っているだけの学習者にとっては，不思議な現象（驚くべき事実）を示す。また，水撃ポンプは，力学的エネルギー保存の法則を理解している学習者にとっては，予想外の結果（驚くべき事実）を示す。これらの教材は，驚くべき事実から仮説の発想を促すアブダクション教材となり得る。ただし，指導方法などによってはアブダクション教材として活かすことができない場合も起こり得るが，驚くべき事実や予想外の結果を示すことは，アブダクション教材の大きな特徴である。

②は，指導方法が大きく影響する教材である。何気なく見ていただけでは，気にもとめないことが，指摘されたり，よく考えてみたりすると不思議であることがある。その意味では，通常の教材や自然そのものがアブダクション教材となる可能性がある。例えば，前述の「滝」については，なぜ滝がそこ

にあるのか？という視点があったため，疑問や不思議に思った可能性がある。また，以下に述べる教材も「なぜそのようになるのか」などの視点を与えなければ，仮説の発想を促すアブダクション教材とならない可能性がある。ただし，あらゆる教材が指導方法によってアブダクション教材となる資質をもつとは限らない。

　③は，それまでの学習では学んでいないものである。例えば，「水の電気分解」は，最初にその事実を知ったときには不思議なことであり，驚くべきことであったと思われる。また，放射線を初めて学ぶ学習者にとっては，「霧箱」による放射線の飛跡の観察も未知の現象や新しい世界を示すと考えられる。それらが，実際に探究につながるかどうかは他の要因にも関係するが，発想を促す可能性は高い。

　ただし，アブダクションには様々なレベルがある。今までの知識で全く説明できないような教材や逆に容易に説明できる教材では，探究の過程を踏ませることができない。そのため適切な難易度と，その解決が可能であることがアブダクション教材の重要な条件となる。なお，アブダクション教材は，各学習者に課題を自分のものとして捉えさせることが望ましいので，個別に観察，実験が可能なことは重要なポイントとなる。特に，ものづくり教材はアブダクションを誘発する可能性が高く，学習者自身が工夫する余地が残されている場合も多い。そこには，新しい疑問や発想が生まれる可能性が高くなる。その意味で，アブダクション教材の一つの特徴を有していると考えられる。

　以上，アブダクション教材の特徴について述べたが，すぐれた教材としては，一般に次のような視点も重要であると云われている[6]。

　　○　教育目標の分析とその具現化
　　○　基本概念と個々の事物・現象とのつながり
　　○　科学の方法とのつながり
　　○　対象となる児童生徒の発達段階

○　指導の多様化に適するか
　○　必要な教具の配置

　アブダクション教材にとっても以上の視点は重要である。ただし，教材は多様であるため，教材によって重要となる視点や重点が変わる。また，教材の使用方法や使用目的によっても変わる。ここでは，教材として有意義であると考えられる視点を挙げておこう[7]。

　a　原理などがわかりやすいこと
　b　新鮮さや興味深さがあること
　c　広がり，深まりがあること
　d　構造が簡素であり，機能的に美しいこと
　e　使いやすく丈夫であること
　f　安価であること
　g　教材の製作（ものづくり）が可能であること
　h　学習者に親近感（日常的ななじみ）があること
　i　学習者の創意工夫の余地があること
　j　一人一人観察，実験することが可能であること
　k　開発者自身が興味，関心をもてること

　アブダクション教材の観点から考えると，b，g，i，jなどが特に関係すると思われる。bはアブダクション教材の本質にかかわるものであり，驚くべき事実があれば，強い興味を喚起する。ただし，それは探究の過程と結び付いて初めてその本質的な意義をもつことに留意する必要がある。kは視点としては不適切であるかもしれないが重要であると考える。その教材に開発者自身がおもしろく感じることができないならば，楽しい授業は期待できないし，指導においても効果を上げることは難しいと思われるからである[8]。

　今後，探究の過程を経るような推論を重視した教材の開発がますます必要になると思われる。特にアブダクションを重視する教材は，現在のところ，必ずしも十分ではないため，今後の開発が望まれる。

第2項　教材開発に要する推論の関与

　教材の開発や改善の必要性は，欠点あるいは改善点などがある場合に生じることが多い[9]。今回，開発した教材は，身近な素材を利用したものが中心であり，そうした教材を開発する利点は，作成中，上手く作動しない場合や改良をする必要が生じた場合，いろいろな試行錯誤を行う中で解決することができる点にある。教材を開発する場合，教材が上手く作動しないことはよくあることである。教材が上手く作動しないことは，予想とは異なる驚くべき事実である。したがって，ここではアブダクションが生じる。

```
教材が上手く作動しない
A  →  教材が上手く作動しない
∴  A
```

　ここでは，仮説Aという理由で教材が上手く作動しないことが推測される。仮説Aは正しいかどうかを確かめる必要もないくらい明確な場合から全く確信がもてない場合まで様々な場合がある。通常，Aから考えられる帰結を導き出し，その帰結を確かめることでAを確定していく。しかし，とりあえずAを確定し，次の段階に進むことも多い。とにかく，教材を上手く作動させるためには，Aを回避するべき方策が必要となる。

```
教材が上手く作動しない
C  →  教材が上手く作動する
∴  C
```

　この場合，Cをいかに見つけるかがポイントとなる。それには，Aを吟味し，そこから可能性のあるCを想起し，選択する必要がある。それは，いろいろと条件を変えて，実験を繰り返す試行錯誤の中で見つけることが多い。一般的には，ある程度の予想をもとに試行実験を行うことが多い。しかし，中には，まったく偶然に思わぬ結果に出会うこともある[10]。

　Cが十分に予測可能であり，その理由がある程度明確な場合には，特に問題はない。あとは，そのことが正しいことを追認するだけである。しかし，

Cが予想外の場合やその理由が不明確な場合には，上手く作動することが驚くべき事実となる。そこでは，新たなアブダクションが生じる。

```
Cで教材が上手く作動する
H  →  Cで教材が上手く作動する
∴ H
```

ここで生じた仮説Hについては，ディダクション，インダクションと通常の探究の過程を経て確認されることが多い。

同様に，学習者にとってより効果的になるように教材を改良する場合にも，同様の過程を経ることが多い。

```
教材が効果的でない
A  →  教材が効果的でない
∴ A
```

こうして，教材が効果的でない理由として仮説Aが推測される。したがって，教材が上手く作動しない場合と同じように，Aを回避するべき方策が必要となる。

```
教材が効果的でない
C  →  教材が効果的になる
∴ C
```

この場合でも，仮説Cをいかに見つけるかがポイントとなる。Cを見つけるためには，Aについて吟味し，様々な条件を加味しながら，改良点を捜す必要がある。そして，Cを確定したならば，Cからディダクションによって帰結を導き出し，インダクションによって検証する。このように，教材開発では，アブダクションをはじめとする推論が重要な役割を果たすと考えられる。

第2節　アブダクション教材の開発と指導例

第1項　水擊ポンプの開発

1　水擊ポンプについて

アブダクション教材は，探究の第一段階にかかわる。ただし，アブダクションは，ディダクションやインダクションに影響を与える。そのため，学習の成否はアブダクションにかかっているともいえる。

アブダクション教材の開発においては，このことを十分に認識した上で，開発に取り組まなければならない。ここでは，水擊ポンプ（hydraulic ram pump）を例として取り上げ，アブダクション教材と教材開発に関与する推論の流れについて考察する。

水擊ポンプは，ガスや電気などの外部エネルギーが一切ないにもかかわらず，水源より高所に水を揚げるという驚くべき事実を示すため，アブダクション教材として利用できる。もともと，大阪府教育センターの教員研修に使用することを目的として開発を始めた。まず，水擊ポンプの製作と特性について論ずる。

2　水擊ポンプの製作と特性[11]

Ⅰ．はじめに

水擊ポンプ（hydraulic ram pump）は，水擊現象（water hammer）を利用したポンプであり，水の位置エネルギーを利用することにより，水源より高い所へ揚水するものである。

水擊ポンプの歴史は古く，1793年にフランスのモンゴルフィア兄弟（Mont-golfier brothers）により発明されたといわれている。図1は，その構造を示したものである[12]。

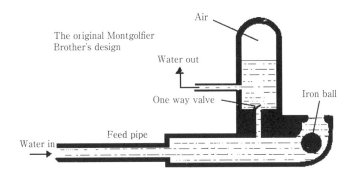

図1　Montgolfier brothers による水撃ポンプ
(http://www.cat.org.uk/information/tipsheets/hydram.html より)

　現在，ガスや電気を使わないポンプとして，東南アジアやアメリカなどで実用化されている。また，教材としては，足利工業大学の機械工学科で，透明のアクリル製の水撃ポンプが使用されている[13]。

　しかし，これまで教材として水撃ポンプを使用することや製作されることは多くなかった。これは，水撃ポンプの原理である水撃現象が特殊な現象であると考えられていることやポンプ自体の製作が難しいことに起因していると思われる。

　そこで，教材としての水撃ポンプの可能性を調べるために，簡単かつ安価に製作できる水撃ポンプの製作とその特性について考察した。

II. 水撃ポンプの作動原理

　主な作動原理は，水撃現象と弁による自動運転である。次のサイクルを繰り返すことにより，自動的に水をくみ揚げる（図2）。

① 排水弁が開くと，水源から入力管を通ってきた水が，弁室を通り，排水弁より流出する。

② 排水弁から水が流出することにより，排水弁が急激に閉じる（流線曲率の定理）。

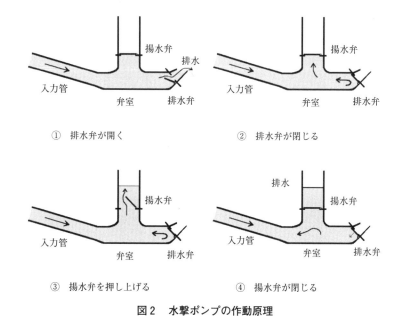

図2　水撃ポンプの作動原理

③　排水弁が急激に閉じたことにより，弁室内の圧力が一気に高まり，揚水弁を押し上げ，水が上がる（水撃現象）。

④　揚水弁が閉じることにより，弁室内の圧力が減少し，弁の自重と相まって，排水弁が開く。

Ⅲ．水撃ポンプの製作

製作については次の点に留意した。

○　安価に容易に製作できること

○　仕組みを分かりやすくするために構造を単純化すること（水の動きが見える等の工夫もすること）

○　実験条件を変えることができること

実際の製作では，図3のように灯油用給油ポンプの一部を切り取り，水撃

ポンプの弁室として利用した。ここで，排水部を斜めに切り取るのは，排水弁が開くときに弁室に空気が入らないようにするためである。

図4は，弁室の内部構造を示したものである。また，弁には軽いおもりをはり付けた（図5）。

各部の組立には水道部品を利用した。水道部品は，安価で規格化された多くの部品があり，水漏れのないように組み立てるのに適している。図6は，最も簡単な水撃ポンプの組立例である。揚水管は，給油ポンプのパイプをそのまま利用し，ソケットで入力管とつなぐ。主に加工するのは，図3の波線部の切断と排水弁のおもりのはり付けである。水を水源より高く揚水することを示すだけであれば，これで十分である。

しかし，今回は，揚水弁の条件を変えたり，水の上昇する様子を調べたりするために，給油ポンプのパイプを切り取り，アクリルパイプを取り付けた。また，入力管の角度などの実験条件を簡単に変えるために，種々のソケットや曲げた接続用塩ビ管などを組み合わせることができるようにした（図7）。

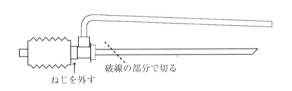

図3　灯油用給油ポンプ

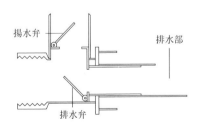

図4　ポンプの内部構造

図5　0.5gのおもりをはり付けた弁

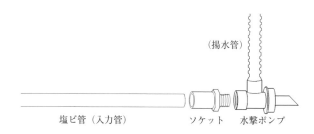

図6　簡単な水撃ポンプの組立例

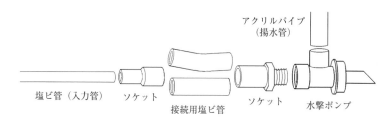

図7　実験用の接続

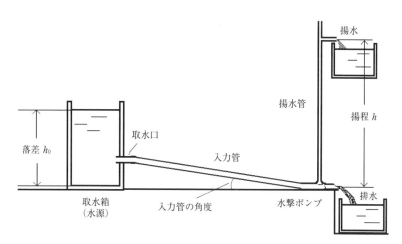

図8　水撃ポンプの特性を調べるための装置

Ⅳ. 水撃ポンプの特性
(1) 特性を調べるための装置

図8は，水撃ポンプの特性を調べるための全体の装置を示したものである。入力管は塩ビ管，揚水管はアクリルパイプ（内径18mmで揚程が660mmになるように吐出口を付けたもの）を用いた。

排水弁，揚水弁の動きは，弁室が半透明のため，観察することができる。そのため，VTRにより1サイクルに必要な時間，弁の動き等を測定するこ

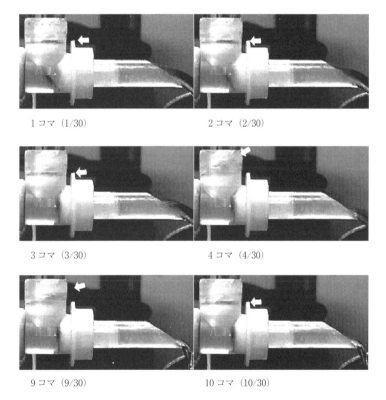

1コマ (1/30)　　2コマ (2/30)

3コマ (3/30)　　4コマ (4/30)

9コマ (9/30)　　10コマ (10/30)

図9　ビデオカメラで撮影した1/30秒ごとの画像
赤い弁の動きを確認することができる。ここでは，揚水弁の位置を矢印で示した。排水弁は3コマで閉じている。揚水弁は4コマで開き，10コマで閉じている。

とができる（図9）。

また，排水弁における最大流出速度は，排水弁を開き，排水量から求めることができる。また，1分間あたりの揚水量と排水量は，作動時の水量をそれぞれ測定することにより求めることができる。

（2）水撃ポンプの特性

a．入力管の角度による違いについて

取水口の高さを変え，曲げた接続用塩ビ管を使用することにより，入力管の角度を変えて実験を行った。図10は，入力管（内径13mm，長さ2m）を使用し，落差（水源の高さ）を一定（$h_0 = 25$cm）にした場合の1分間あたりの揚水量と排水量を測定した結果である。入力管の角度を変えても，揚水量，排水量に有意な差がみられなかった[14]。そこで，以後，図11のように入力管を水平にして，実験を行うことにした（図12）。

これは，入力管を水平に固定することにより，実験をより単純化するためと，水源より高所に揚水する現象をより印象付けることができると考えたからである。

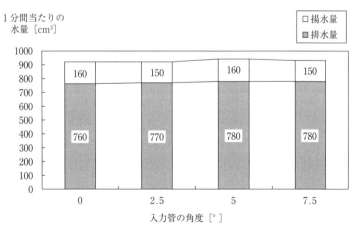

図10　入力管の角度と揚水量，排水量との関係

第Ⅲ章　教材開発とアブダクション　　103

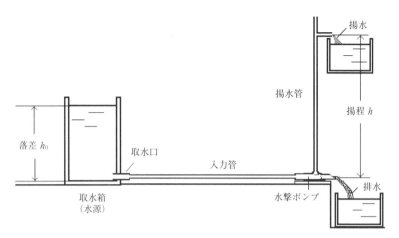

図11　入力管を水平にした装置

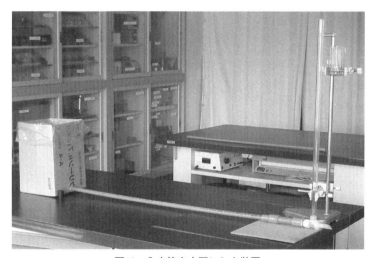

図12　入力管を水平にした装置

b．落差（水源の高さ）による違いについて

　入力管（内径13mm，長さ2m）を水平にし，落差（水源の高さ）を変えて，流出速度，1サイクルに必要な時間をそれぞれ測定した。また，1分間あたりの揚水量をそれぞれ測定した。

　図13は，落差と流出速度，1サイクルに必要な時間との関係を示したものである。落差が大きくなると流出速度が大きくなり，1サイクルに必要な時間が短くなる関係がみられる。流出速度が大きくなるのは，落差が大きくなると位置エネルギーが大きくなるためである。また，1サイクルに必要な時間が短くなるのは，流出速度が大きくなると排水弁が速く閉じるためであると思われる。

　図14は，落差と揚水量の関係を示したものである。落差が大きくなると揚水量が大きくなる関係がみられる。また，一次関数のグラフとよく一致している。

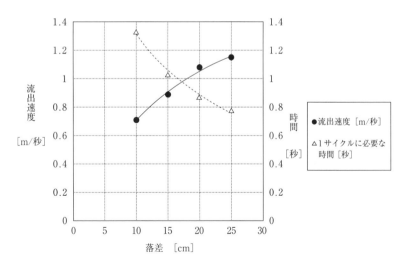

図13　落差と流出速度，1サイクルに必要な時間との関係

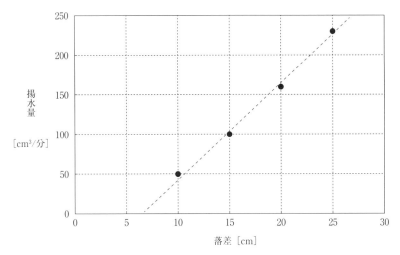

図14　落差と1分間あたりの揚水量との関係

c．入力管の長さによる違いについて

入力管を水平にし，落差を一定（$h_0 = 20\text{cm}$）にし，入力管（内径13mm）の長さを変えて，流出速度，1サイクルに必要な時間をそれぞれ測定した。また，1分間あたりの揚水量を，落差を変えて，それぞれ測定した。

図15は，入力管の長さと流出速度，1サイクルに必要な時間との関係を示したものである。入力管が長くなると流出速度が小さくなり，1サイクルに必要な時間が長くなる関係がみられる。入力管が長くなると，水の粘性によるエネルギーの損失などにより，流出速度が小さくなると思われる。

図16は，入力管の長さと揚水量との関係を示したものである。入力管の長さが長くなると揚水量が大きくなる関係がみられる。ここで，流出速度が小さくなるにもかかわらず揚水量が増加していることから，揚水量が流出速度だけで決まるのではなく，他の要素とも関係していることが考えられる。

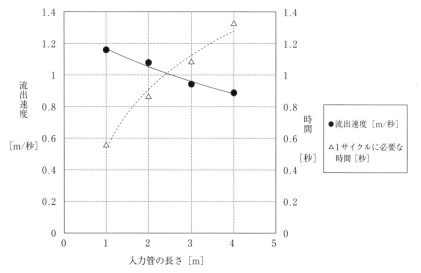

図15　入力管の長さと流出速度，1サイクルに必要な時間との関係

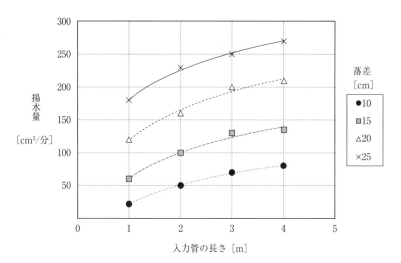

図16　入力管の長さと1分間あたりの揚水量との関係

d．弁について

　水撃ポンプを作動させるためには，排水弁により水の流れを止め，水撃現象を起こす必要がある。排水弁は水の流れによって閉じる。このとき，排水弁が軽く動きすぎると，水の流れが十分な速さになる前に排水弁が閉じてしまうので水撃力が小さく，逆に，排水弁が重すぎるといつまでも閉じない現象がみられる。自動運転を行うためには，一度閉じた排水弁が適切に開くように，おもりを用いて調整する必要がある。

　一方，揚水弁についてはおもりを特に必要としない。おもりを付けない方が揚水弁を押し上げる時の抵抗が小さくなり，自動運動が容易に生じる。しかし，揚水量は変化する。

　表1は，揚水弁におもり（0.5g）をはり付けることによる効果について，入力管（内径13mm，長さ2m）を使用し，落差を一定（$h_0=15$cm）にして，排水弁が閉じる時間（排水弁が閉じ始めてから完全に閉じるまでの時間），揚水弁の作動時間（揚水弁が開いてから閉じるまでの時間），揚水の最大上昇高などを調べた結果である。なお，揚水の最大上昇高については，長さ2mのアクリルパイプを揚水管に使用した。

　揚水弁に適切なおもりをはり付けることにより，揚水弁の作動時間が短く

表1　揚水弁におもりをはり付けない場合とおもり（0.5g）をはり付けた場合との比較

	おもり無し	おもり有り
1サイクルに必要な時間　［秒］	1.07	1.03
排水弁が閉じる時間　　　［秒］	0.13	0.13
揚水弁の作動時間　　　　［秒］	0.27	0.13
揚水量　　　　　　　[cm^3/分]	55	100
排水量　　　　　　　[cm^3/分]	610	750
揚水の最大上昇高　　　　　［m］	0.91	1.80

なり，揚水量と揚水の最大上昇高が大きくなる傾向がみられた。しかし，排水弁を閉じる時間や1サイクルに必要な時間がほとんど変化していない。実際に弁の動きをくわしく観察すると，揚水弁におもりを付けていない場合には，多くの水が揚水管から弁室内に逆流する現象がみられ，揚水量が少なくなる。しかし，揚水弁におもりを付けた場合には，揚水弁が速く閉じ，逆流量が減少する現象がみられる。揚水弁におもりを付けた場合に揚水量や揚水の最大上昇高が大きくなるのは，そのためであると考えられる。

V. 水撃ポンプについての考察

斜面を転がる球やガラス管内の水は，他からエネルギーの供給を受けることなく，もとの高さ以上に上がることはない。しかし，水撃ポンプを作動させると他からのエネルギーの供給がなくても，もとの高さ以上に水が上がる。このことから，「エネルギー保存の法則が成立しないのではないか」と驚いてしまう。

そこで，水撃ポンプ作動前と作動後の状態を比較し，エネルギー保存則が成立するかどうかを調べる。

水撃ポンプが作動していないとき（排水弁が閉じているとき），入力管内を流れていった水は揚水弁を通り，揚水管内を上がる。しかし，揚水管内では落差h_0以上には上がらない。この状態から排水弁を開き，水撃ポンプを作動させると，水は揚水管内を上昇し，やがて，吐出口から出てくる。ここで，揚程をhとし，吐出口から出てきた質量（揚水量）をm_1，揚水管内のh_0より上部の水の質量をm_2，排水弁から排出される水の質量をm_3とする。また，水源で落差がh_0からh_1まで減り，水の質量が$\varDelta m$減少したとする。位置エネルギーの基準を水源の底にとり，gを重力加速度とすると，作動前に$\varDelta m$がもっていた位置エネルギーE_Aは

$$E_A = \varDelta mg(h_0 + h_1)/2 \qquad (1)$$

となり，作動後m_1とm_2のもつ位置エネルギーの合計E_Bは

表2 水撃ポンプ作動前と作動後の位置エネルギー

入力管の長さ	ポンプ作動前 E_A [J]	ポンプ作動後 E_B [J]
1 m	6.7*	3.1
2 m	6.6	4.2
3 m	6.6	4.7
4 m	6.6	5.1

*) 1 m の E_A が少し大きくなっているのは，自動運転をするために揚水管内の水の高さが必要であったため，その補正を行ったためである．

$$E_B = m_1 gh + m_2 g(h+h_0)/2 \qquad (2)$$

となる．

ここで，振動や音などのエネルギーの損失分を考えると，$E_A < E_B$ ならば，エネルギー保存則が成立しないことになる．

表2は，内径13 mm の4種類の長さの入力管で，入力管を水平にし，落差が25 cm から20 cm になるまで測定し，E_A と E_B を求めたものである．

いずれの場合も，作動後の位置エネルギーの大きさが作動前よりも小さく（$E_A > E_B$）なっている．ここで，排水弁から流れ出る m_3 の運動エネルギー，音や振動，水の粘性，管内の摩擦，管の膨張などによるエネルギーの損失を考えると必ずしもエネルギー保存の法則と矛盾するとはいえない．

つまり，水が水源より高い所に上昇したのは，エネルギーが増えたのではなく，一部の水がエネルギーを失った分，一部の水がエネルギーを得たと考えることができる．

次に，排水弁における運動量の変化と力積について考える．

入力管内の水がもつ運動量は，入力管の断面積を D，長さを L，水の密度を ρ，水の速さを v_0 とすると $\rho DL v_0$ となる．排出弁を閉じることにより，Δt 秒間で速さが0になるときの圧力上昇を Δp とすると

$$\rho DL(0 - v_0) = -\Delta p \cdot D \cdot \Delta t \qquad (3)$$

$$\therefore \Delta p = \frac{\rho L v_0}{\Delta t} \tag{4}$$

となる。

水の最大上昇高Δhは，gを重力加速度とすると

$$\Delta h = \frac{\Delta p}{\rho g} = \frac{L v_0}{g \Delta t} \tag{5}$$

で表すことができる。

したがって，(5)式によれば，水の最大上昇高は入力管の長さL，水の速さv_0に比例し，弁を閉じる時間Δtに反比例する[15]。

Ⅵ. おわりに

本研究では，製作が容易で，実験可能な水撃ポンプを製作し，そのポンプの特性について調べた。その結果，次のようなことが明らかになった。

a 灯油給油ポンプを利用することにより，生徒が簡単に水撃ポンプを作ることができる。

b 水道管の継ぎ手を利用することにより，条件を変えて実験を行うことができる。

c 水量を測るなどの簡単な操作で実験を行うことができる。

d 水撃ポンプの揚水量は，入力管の角度による有意な差が見られない。

e 水撃ポンプの揚水量は，落差が大きいほど大きくなる。

f 水撃ポンプの揚水量は，入力管が長いと大きくなる。

g 水撃ポンプの揚水量は，揚水弁におもりをつけた方が大きくなる。

水撃ポンプは決して新しいものではない。しかし，電気やガスなどのエネルギーを利用することもなく，水撃ポンプがポコンポコンと音を立てながら揚水するとき，なぜ水が上がるのかという疑問とともに本当に驚いてしまう。このような，疑問や驚きが探究の出発点となる。水撃ポンプは，探究を喚起させ，探究の過程を踏ませる上で有効な教材となる可能性を有していると思

われる。

3 水撃ポンプ開発の過程

　水撃ポンプの開発にあたっては，当初，試行錯誤しながらポンプの自作を試みた。特に，弁の製作が難しく，水漏れが発生するなど上手く作動しなかった。水撃ポンプの製作に関する文献[16]により様々な水撃ポンプを知ることができたものの，それらはものづくり教材として取り扱うには難しく，簡単に自作できないかを模索した。最終的には，灯油用給油ポンプを利用することになったが，それは整理すると次のようになる。

```
水撃ポンプを自作できる
灯油用給油ポンプを利用する　→　水撃ポンプを自作できる
∴　灯油用給油ポンプを利用する
```

　形式化すれば以上のようになるが，実際の思考は様々な紆余曲折を経る。そこに至る主要な思考の流れを追うと次のようになる。

```
水撃ポンプの自作では，漏れない弁の製作が難しい
　　　　　　　　　↓
もし，漏れない弁がどこかにあれば，水撃ポンプを自作できる
　　　　　　　　　↓
漏れない弁がどこかにないかを考える
```

　ここでは漏れない弁がポイントとなっている。漏れない弁の製作が難しいという問題をどのように解決するかがポイントである。つまり，漏れない弁がある状態にすれば問題は解決する。もし，すでにあるもの（他の目的のために作られたものなど）を利用することができれば，この問題は解決する。形式化すれば次のようになる。

```
漏れない弁がある
灯油用給油ポンプを利用する　→　漏れない弁がある
∴　灯油用給油ポンプを利用する
```

　ここでは，漏れない弁がキーワードとなり，漏れない弁とかかわりのあるものを捜すことによって，灯油用給油ポンプが浮かび上がってきている。つ

まり，漏れない弁から灯油用給油ポンプへと逆向きの推論がはたらいている。これは，アブダクティブな推論である。

さらに，灯油用給油ポンプの弁が水撃ポンプに利用できるのではという発想から，灯油用給油ポンプをよく観察した。すると，水撃ポンプとほとんど同じ構造をしていることに気付いた。そのため，わずかな加工で水撃ポンプとして使用することができるのではないかという考えが浮かんだ。

> 灯油用給油ポンプの弁室は水撃ポンプの弁室と構造がよく似ている
> 灯油用給油ポンプの弁室は水撃ポンプの弁室と構造がよく似ている
> → 灯油用給油ポンプを水撃ポンプとして使用できる
> ∴ 灯油用給油ポンプを水撃ポンプとして使用する

これは，形式的にはアブダクティブなディダクションである。あるいは，類似性に着目しているので，一種のアナロジーと考えることもできる。実際には，「似ているものは同じようなはたらきをするだろう」という推論である。しかし，なかなかそのことに気付かないのが現実である。後は，排水弁を調整し，排水部を作り，入力管，揚水管をつなぐと水撃ポンプの完成となる。さらに，灯油用給油ポンプは，半透明なプラスチックでできており，赤い弁の動きがよく見える。教材としては最適である。

漏れない弁というキーワードから，以上の発想に至ったのであるが，場合によっては，どちらもポンプという水の流れを変える装置であるという共通点からも到達するかもしれない。ここでは，弁の構造だけに注目するのではなく，全体を見る視点が大切である。弁のことだけを考えたとしたら，後半の発想はなかったかもしれない。このように，教材を作成する場合，一からすべてを作るよりは，身近にあるものを利用して作る方がコストや労力の点で優れていることが多い。教材におけるコストや労力は，非常に大きい要素となる。一人一人が観察，実験できることは，教材として好ましいが，数をそろえるためには，コストと製作のための労力が軽微なことが望ましい。特に，ものづくり教材では，そのことは重要である。

今回の装置のように水を使用する教材では，漏水が問題となることが多い。問題解決のポイントは漏水しないものを捜すことである。では，漏水しないものは何かを考えたとき，水道部品を利用すれば漏水を避けることができるのではないかという考えが浮かぶ。

```
漏水しない
水道部品を使用する　→　漏水しない
∴　水道部品を使用する
```

試してみると，水道用の継ぎ手などはほとんどそのまま利用することができ，定量実験のための条件（入力管の長さなど）を容易に変えることができた。

さらに，今回の水撃ポンプでは，機能とかかわる点で，次のような工夫を行った。

○　揚水の能率を上げるための空気室を省いた。
○　弁の調整はバネではなく，おもりを付けることで行った。
○　入力管を水平にした。

このように，原理を探究する教材では，できるだけ複雑な要素をなくし，簡潔にすることが大切である。

また，観察や実験を行いやすいように次の点を工夫した。

○　揚水管は，水の動きが見えるように透明なアクリルパイプを使用した。
○　接続は，水道部品のねじや差し込みを使用し，接着剤などは使用しないようにした。

その他，実験装置をできるだけ多く用意するために，取水箱も段ボール箱を利用するなどの方法を考案した[17]。

以上のように，教材の開発や改良には，アブダクティブな推論の考え方が役立つように思われる。アブダクティブな推論は決して特殊なものではなく，日常的に誰でも行っている推論である。大切なことは，それを意識的に行うことができるかどうかである。推論の構造を知り，意識的にそれを行うことによって，より効率的に教材の開発を行うことが可能になると思われる。

第2項　水撃ポンプを使用した指導例[18]

1　小・中学校「理科」長期研修における指導例

　大阪府教育センターでは，小学校及び中学校の理科教員に対して，6か月の理科研修（前期12名，後期12名）を実施していた。力学に関しては，研修期間が約1週間であり，水撃ポンプを使用した研修は，内容がやや高度なため，最後の方で行った。

　水撃現象に関するものとしては，ガラス管に水を入れ，空気を抜いて密閉して製作したウォーターハンマー管（図17）を上下に振らせ，コンコンという音と衝撃を体験させるなどの研修を行った。

　また，探究の過程については，パースによる探究の過程，アブダクション，ディダクション，インダクションについて説明した。研修では，まず，水撃ポンプの演示を行い，その後，水撃ポンプを1人一個ずつ製作する。そして，3人ずつのグループで実験を行いながら，疑問をQ，仮説をA，仮説から導出したことをD，実験の評価をIとして，自分の考えをそれぞれ記録する方法をとった（図18）。

　Q，A，D，Iについては，必ずしもこちらが意図したとおりの記述にはな

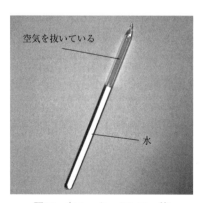

図17　ウォーターハンマー管

図18　実験中の様子

らなかった。しかし，思考の過程が見られる場合も多くあったので，比較的多かった事例を次に挙げる。

【事例1】
　水撃ポンプは，構造が簡単であるにもかかわらず，仕組みが理解しにくいようである。斜面を転がる球やガラス管内の水は，他からエネルギーの供給を受けることなく，もとの高さ以上に上がらない。しかし，水撃ポンプを作動させると他からのエネルギーの供給がなくても，元の高さ以上に水が上がる。このことから，多くの人が，「エネルギー保存の法則が成立しないのではないか」と驚いてしまうと思われる。次のような記述があった。
　Q　本当にエネルギー保存の法則と矛盾するのか？
　A　すべての水が上がるわけではなく，下に落ちる水もあるので，全エネルギーを考慮するとエネルギー保存の法則は成り立つ。
　D　実験を行い，全エネルギーを求める。
　I　必ずしもエネルギー保存の法則と矛盾するとはいえない。

他からのエネルギーの供給がない以上，水の位置エネルギーに着目したのは当然であると思われる。

「もし，水の位置エネルギーが増えないならば，エネルギー保存の法則が成り立つ可能性がある」ということから，Aの段階において，すべての水が上がるのではないことに注目したと思われる。ただ，この記述Aには，次の段階のDも含まれている。実験を行い，計算すると，作動後の位置エネルギーの大きさが作動前よりも小さくなっていることが確認できた[19]。

ここで，排水弁から流れ出る水の運動エネルギー，音や振動，水の粘性，管内の摩擦，管の膨張等によるエネルギーの損失を考えると必ずしもエネルギー保存の法則と矛盾するとはいえないことが明らかになった。そして，水がもとの高さより上昇したのは，多くの水がエネルギーを失った分，一部の水がエネルギーを得たと考えた。

【事例2】

エネルギー保存の法則から問題がないとしても，水が上がるのは不思議と思われる。その仕組みについて，次のような考えもあった。

Q　どのようにして，もとの高さより上に水を揚げるのか？

A　通常のポンプのように大気圧が関係する。

D　大気圧によるものならば，大気圧が低くなる所（負圧になる所）がある。

I　ポンプを観察しても大気圧が低くなる所が見当たらないので，大気圧によるものではない。

D'　大気圧によるものならば，10m以上水を揚げることはできない。

I'　水撃ポンプは，10m以上水を揚げることができるという事実があるので，大気圧によるものではない。

この例では，「もし，大気圧が関係しているならば，水を上に揚げることができる。」ということから発想したと思われる。しかし，大気圧によって

押し上げられている様子が見当たらないこと，また，水撃ポンプが高い山の上まで揚水している事実を伝えたことから大気圧によるものではないと考えた。

【事例3】
　よく観察すると弁が交互に動いていることに気付くと思われる（図19）。
　ここで，ポンプの構造と弁の動きについて，次のような考えがあった。
　Q　弁はなぜ交互に動くのか？
　　この疑問がでた時は，次のように分けて考えさせることにした。
　①　排水弁がなぜ閉まるのか？
　②　揚水弁がなぜ開くのか？
　③　揚水弁がなぜ閉まるのか？
　④　排水弁がなぜ開くのか？
　①，②，③については，比較的スムーズに考えがまとまっていたようである。実際には，④についての疑問が多かった。
　Q　排水弁がなぜ開くのか？
　A　排水弁にはおもりが付いているので開く。
　D　排水弁のおもりをとって実験すれば排水弁は開かない。
　I　排水弁のおもりがないと開かないので，おもりにより排水弁が開く。

図19　水撃ポンプの排水時の弁の様子

ここでは,「もし,排水弁におもりが付いていれば,おもりの重さによって弁が開く。」ということから,仮説を立てていると思われる。そして,実験の結果,おもりにより排水弁が開くと考えた。

実は,おもりにより排水弁が開くというのは,必ずしも正しくない。というのは,おもりが付いている状態であっても,揚水管に水があまり上がっていない状態では,排水弁は開かないからである。おもりが関係していることも事実であるが,揚水管に水が高く上がり,勢いよく揚水弁が閉じるようになって,排水弁が開く。つまり,水圧の変化(減圧)が大きく関係しているのである。残念ながら,この点にまで言及したものはなかった。

【事例4】
次にポンプとしての効率についての事例を挙げる。
この種の事例では,観察から仮説を定立する(アブダクション)のではなく,条件制御の中での予想,実験という流れになる。

Q 落差(水源の高さ)が大きいほど多く揚水するのか？
A 位置エネルギーが大きくなるため,多く揚水する。
D 落差を変えて実験すると落差が大きいほど多く揚水する。
I 実験の結果,落差が大きいほど多く揚水する。

これは,予想されるとおりである。
落差が大きくなると揚水量が大きくなる関係がみられる[20]。

【事例5】
このポンプは入力管が長いため,効率に入力管の長さが関係するのだろうかという疑問が生じると思われる。しかし,入力管の長さは,位置エネルギーに関係しないので効率は変化しないという考察が多かった。また,入力管が長いほど入力管の壁と水との接触面積が大きくなるため,効率が悪くなると考えた考察もあった。

Q　入力管が長いと効率は悪くなるのか？
A　流速が落ちるので揚水量が少なくなる。
D　入力管の長さを変えて，揚水量を測定する。
I　入力管が長いほど多くの水を揚げる。

　ここでは，予想と異なる結果がでた。実際，入力管が長くなると流出速度が小さくなるにもかかわらず揚水量が大きくなる関係がみられる[21]。
　したがって，揚水量が流出速度以外の要素，例えば，入力管中の水の質量（入力管が長いとその中の水の量が多い）と関係していることなどが考えられる。予想と異なる結果（驚くべき事実）を得たことで，そうした新たなアブダクションが生じることとなる。その意味でも，実験は重要である。

【事例6】
　最後に研修の事例ではないが，揚水弁について，著者の例について考察する。
　著者が最初に作成した水撃ポンプは，揚水弁におもりを付けなかったので多くの水が揚水管からポンプ内に逆流した。それを何度も観察しているうちに，「もし，揚水弁を重くすれば，揚水弁が速く閉まり，逆流を少なくすることができる。」と思い付き，おもりを付けて揚水弁を重くすることにした。これは，実験中にもアブダクションが生じるという一例である。
　以上，水撃ポンプに関するいくつかの事例について考察した。水撃ポンプの考察では，エネルギー保存の法則を考慮して思考を進める方法と水の動きに着目して思考を進める方法が考えられる。実際，受講生のほとんどは水の動きに着目し，思考を進めた。特に，弁の動き（交互に動く）に着目した受講生が多かった。弁の動きに着目するあまり，水撃現象と弁による連続運動とを混同する傾向も見られた。また，様々な実験をする中で，予想と異なる結果を得て，新たなアブダクションが生じたり，実験の失敗から新たな疑問が生じ，アブダクションが生じたりということも多かった（図20）。

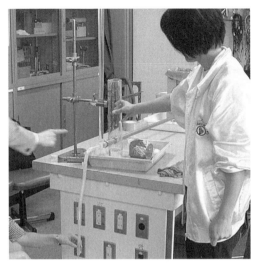

図20　効率を上げる実験の様子
排水部を下に伸ばす工夫をしている。

　しかし，実際に製作，実験し，探究の三段階にそって思考を記述しながら探究することにより，最後には，揚水の仕組みを理解することができるという一定の方向への収束がみられた。

　図21は，演示と解説を中心に研修を行ったグループ（演示解説）と水撃ポンプを実際に製作，実験し，記述を行ったグループ（実験記述）による4段階の評価の結果である。演示解説のグループでは，12人中，「非常に良かった」が2人，「良かった」が7人，「良くなかった」が2人，「非常に良くなかった」が1人という結果であった。「良くなかった」，「非常に良くなかった」の理由の中には，実験を行い確かめたかったというのがあった。しかし，実験記述のグループでは，24人中，「非常に良かった」が16人，「良かった」が8人という結果であった（Mann-Whitney U検定を行ったところ，$p=0.001<0.05$となり，実験記述グループの方が有意に評価が高かった）。また，「非常に良かった」の中には，探究の三段階にそって思考を記述することにより，考え

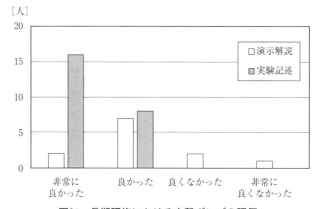

図21　長期研修における水撃ポンプの評価
演示解説グループ (n=12), 実験記述グループ (n=24)

を整理することができ，どう考えて行けばよいのかが明らかになったという意見が多かった。演示解説のグループには約1時間，実験記述のグループには約2時間要しており，時間などの条件を考慮すると単純な比較はできない。しかし，感想などの結果から考えて，演示解説する方法に比べて，実験記述する方法が教員にとって有効な方法であると思われる。

2　高校生を対象にした指導例

大阪府立高校の生徒による大阪府教育センター見学会があった。そこで，物理の一部として，水撃ポンプの紹介を行った。水撃ポンプは，教員研修のために開発した教材であり，高校生には難しいのではないかとも考えたが，現象として見せることは意味があると判断した。時間が限られていたので，演示と解説を中心に行った。ここでは，最初に図22を示し，ボールがA，B，Cのどの位置まで上がるかを答えさせた。

今回の高校生はすでにエネルギー保存の法則について学習していたため，ほとんどの生徒がBを選択した。そこで，カーテンレールと金属球を使った

図22　斜面上のボールの実験

図23　斜面上のボールの実験

実験を行い，B以上には，上がらないことを確認した（図23）。

次に，ウォーターハンマー管を振らせた。水撃現象を学習していないので，ウォーターハンマー管を振らせることにより，水撃を実感させた。続いて，水撃ポンプの実験装置を簡単に説明したあと，水がもとの水面より高く上がることを演示した（図24）。

何もしないのに水がどんどん上がっていくことに生徒達は一様に驚いた。「なぜ水が上がるのか」，「エー，ウソ」という声とともに，じっくりと見ようと近くに詰め寄る生徒もいた。その後，水撃ポンプの作動原理をスライドなどを利用して説明した。

直後にとった自由記述によるアンケートによると，疑問に思ったことは，なぜ水が上がるのか？　ということに集中していた（図25）。

これは，今までの経験や知識と矛盾する驚くべき事実であり，このことが探究の過程への第一歩となる。「どこからエネルギーが来ているのか？」「外部からエネルギーを与えていないのになぜ水が上がるのか？」といった疑問に対して，「現状ではたらく力は，重力，水圧，大気圧，これらの弁の動き

第Ⅲ章　教材開発とアブダクション　123

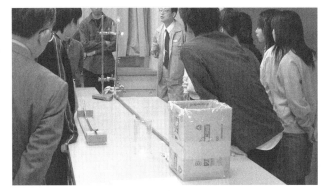

図24　水撃ポンプによる演示実験

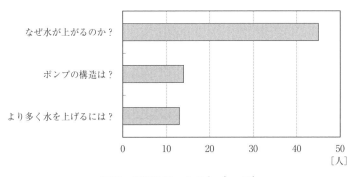

図25　疑問に思ったこと（n=61）

を考える。」「弁のおもりが磁石に見えてそれが水の圧力と磁石のしりぞけ合う力によって動いていると思った。」「水が管を流れるときの水のもつエネルギーが，管にふたがされることによって上に上がるエネルギーに変わる。」などと考えた生徒もいた。また，観察から，「なぜ揚水弁が閉じた後に排水弁が開くのか？」「弁がなぜ交互に開いて閉じるのか？」と弁に着目し，「ずーっと力がかかっているから開きそうにない。」「排水弁が小さいときは上手くはたらかない気がする。」と考えた生徒もいた。さらに，「なぜ入力管を長くすると効率が良いのか？」「取水箱の落差には関係するけれど，取水箱の

容積に関係するのか？」といった効率に着目した疑問に対しては，「水の量が多くなり，かかる圧力が大きくなるためかかる力も大きくなる。」「細くて長い方が水の力（水圧）が強くなる」「水の体積が大きいのでエネルギー大」などと考えた生徒もいた。

　考えていることは論理性に欠き，正しくないことも多い。しかし，ここで大切なことは，興味をもって取り組み，「なぜ」という疑問をもち，そのことについて考える（仮説を作る）ことである。そして，考えたことを吟味し，実験で確かめ，さらに探究することにある。

　今回の見学会では，時間の関係で，一つ一つの疑問や仮説について，十分に掘り下げることはできなかった。このように，アブダクション教材の活用については様々な課題もあるが，探究の過程を辿らせるためには，効果的な教材であると思われる。じっくり取り組ませることができれば，高校生に対しても有効な教材であるように思われる[22]。

第3節　教材開発過程の例

第1項　開発した教材について

　教材開発の過程においては，アブダクション教材にかかわらず創意工夫が必要であり，アブダクションをはじめとする種々の推論が関与する。教材の開発を行うためには，探究の過程と似た問題解決の過程を辿ることが多い。しかし，開発した教材に関する研究は数多くあるが，教材開発の過程を詳述した研究，特に，推論をもとに思考の過程を考察する研究はこれまでほとんどない。それは，開発に大きな影響を与える推論は，主としてアブダクションであるからである。アブダクションは単なる推測に過ぎず，実際にその時にどのようにして考えついたのかを記録することが難しいからである。それでも，ある程度の思考の流れは推論したり，整理したりすることが可能であり，そのことにより，より効率的に教材の開発が可能になると考える。

　教材には様々なものがあり，教材開発ということで一義的に取り扱うことは適切ではない。実際の教材開発においても，種々の多様な方法で推論が利用される。ここでは，教材開発にアブダクションをはじめとする推論がかかわる具体な例として，「燃料電池」，「化学的な寒剤」，「霧箱」について考察し，各教材の詳細について述べる。

　「燃料電池」のポイントは，白金電極の安価な利用方法と効率を良くするためポリプロピレン網を白金に被せたことにある。ここで開発した燃料電池はすぐれた特性をもつ。しかし，ハンダ付けや細かい作業を丁寧に行う必要があること，接着剤が乾くまでの時間が必要であることなど，製作に手間がかかることが後に行った研修などで明らかになった。また，現在では，フロッピーディスクケースそのものがすでにない状況である。その意味で課題のある教材ではあるが，開発の過程は今後の参考になると考え，取り扱った。

なお,「化学的な寒剤」と「霧箱」については,深い関係をもっている。それは,当初,ドライアイスを使用しない霧箱を開発するために,化学的な寒剤の研究をはじめたからである。結果的には,新しい組合せや特性を発見することができ,実用的な寒剤についての知見を得ることができた。

「化学的な寒剤」のポイントは,$CaCl_2・6H_2O$ で低温を実現できなかった理由の解明,$MgCl_2・6H_2O$ はなぜ文献値以下になる理由の解明,NaClと氷に C_2H_5OH を加えるとさらに温度が低下する理由の解明などである。

「霧箱」のポイントは,熱伝導の小さい発泡スチロールを霧箱本体に使用したことである。その結果,他の工夫と合わせ,化学的な寒剤で画期的に良く見える霧箱（S霧箱）の開発に成功した。

以下に,各教材の開発の過程及び内容を掲載する。

第2項 燃料電池

1 燃料電池開発の過程

燃料電池についての教材化で,第一に留意したのは次の点であった。
「外部から供給された水素と酸素を使って発電可能なこと。」
このことは重要であると考えた。というのは,よく燃料電池として実験書などに電気分解の後ですぐに電流を取り出す形式の燃料電池が紹介されているが,それらは蓄電池の充電,放電と混同される可能性があるからである。そこでは,学習者の思考は次のようになると考えられる。

```
蓄電池に電流を流すと,蓄電池から電気を取り出せる
燃料電池に電流を流すと,燃料電池から電気を取り出せる
∴　燃料電池は蓄電池である
```

これは,パレオロジック（古論理）である[23]。こうした誤解を避けるためにも,燃料電池を理解させるには,気体の状態である酸素と水素を外部から供給する必要がある。すると,十分な電圧や電流を得ることが難しくなるという問題が発生する。ここで,燃料電池から十分な電流を得るために次のよ

うに考える。

> 燃料電池の電流を大きくする
> 極板の面積が大きくする　→　燃料電池の電流は大きくなる
> ∴　極板の面積を大きくする

　また，過去の研究の知見が参考となる。よく知られているように，燃料電池の電極としては，白金属（白金，パラジウム）が優秀なことが知られている。それらは，価格が高いという大きな問題点がある。そこで，まず安価な材料を使用するため次のような方法を考えた。

　極板に炭素を使用し，面積を大きくするために炭素繊維の網を巻いて試してみた。しかし，予想より効果が小さく，装置も大きくなってしまった。何よりも，極板が特殊なもののように感じ，学習者にとって理解しづらいように思われた。次に，ニッケル網にパラジウムメッキをしたものを試した。一般にメッキをすると表面がでこぼこになり，表面積が増えるので効率が良くなる。しかし，メッキをすることにより，二種類の金属が水溶液中に存在することになってしまうことと極板の色が黒くなり，金属の光沢がなく好ましくないと判断した。さらに，パラジウムメッキした燃料電池では，希硫酸では十分な電流が得られたものの水酸化ナトリウムでは十分な電流が得られなかった。ここで，水酸化ナトリウム水溶液にこだわったのは，水の電気分解との関係を重視したからである。というのは，燃料電池の原理の理解は容易ではないが，水の電気分解の逆であるという考えは学習者に容易に受け入れられるためである。中学校では，水の電気分解には，水酸化ナトリウム水溶液が使用されていることから，燃料電池の水溶液も水酸化ナトリウム水溶液が望ましいと考えた。

　結局，極板は白金が最適であるという結論に達した。白金黒を使用すればさらに良いのであるが，金属らしくないことから見送った。しかし，ここで，「白金は高価」という問題が生じる。そこで，次の方法を考えた。

> 白金を使用しても安価
> 白金をうすくする → 白金を使用しても安価
> ∴ 白金をうすくする（白金はくを使用する）

　白金の量を減らせば安価になるのであるが，面積が小さくなると電流量が小さくなる。そこで，白金はくを使用することにした。しかし，白金はくは柔らかく，使用しづらいという問題がある。そのために，次のように考えた。

> 白金はくを使用しやすくする
> プラスチックの板に貼り付ける → 白金はくを使用しやすくなる
> ∴ プラスチック板に貼り付ける

　実際，プラスチック板に貼り付けた白金はくは，白金の板のように見える。
　しかし，エネルギー変換に必要な電流（電子メロディーを鳴らすなど）を得るには，極板面積で$40cm^2$程度が必要である。後述のように，本教材では，製作コストとフロッピーディスクを使用した関係で，極板面積は$10cm^2$程度になるため，電流が不足するという問題が生じた。そのために，次のように考えた。

> （極板面積が小さくとも）電流を大きくする
> 実際の反応面積を大きくする → 電流は大きくなる
> ∴ 実際の反応面積を大きくする

　反応面積を大きくする方法としては，白金の表面に凹凸を付け，表面積を増やすなどの方法が考えられる。その最も端的なものは，白金黒にすることであるが前述の理由で見送った。あと，極板を網状にすることなども考えられるが，白金はくを使用するため網状にできないこととコストの点で見送った。
　そこで，反応面積を大きくするための他の工夫を模索した。そのヒントとなったのは，電気分解による気体の供給方法であった。水素と酸素の供給方法として，気体の水素と酸素を外部から供給することは手間がかかるので，電気分解により水素と酸素を供給できるように電気分解装置を下部に設置した。そして，電気分解装置で供給した場合と，気体を外部から供給した場合

とを比較したところ，電気分解装置で供給した場合の方が電流が大幅に増えることが明らかになった。

```
電気分解装置で気体を供給すると電流が大きいのはなぜか
外部供給との違いは何か（観察）
          ↓
電気分解装置で気体を供給すると細かい泡が極板についている
```

では，なぜ細かい泡が極板につくと電流が大きくなるのか。それは，次のように考えることができる。

```
細かい泡が極板につくと反応面積が大きくなる
反応面積が大きくなると電流が大きくなる
∴ 細かい泡がつくと電流が大きくなる
```

以上をまとめると次のように考えることができる。

```
電気分解装置での気体供給は電流が大きい
細かい泡が極板につき，反応面積を大きくしている
 → 電気分解装置での気体供給は電流が大きい
 ∴ 細かい泡が極板につき，反応面積を大きくしている
```

以上のアブダクションにより「細かい泡が極板につき，反応面積を大きくしている」という仮説が得られた。つまり，気体の供給方法により，泡の状態（反応面積）に差ができ，結果として電流値に差が生じると考えられる。したがって，もし泡の状態を同じにすれば，気体の供給方法にかかわらず同じ結果になるはずである。例えば，以下のようなディダクションが考えられる。

```
細かい泡が極板につき，反応面積を大きくしている
細かい泡が極板につき，反応面積を大きくしている
 → 電気分解装置で気体を供給したあと，泡が消えるまで時間をおくと電流は小さくなる
 ∴ 電気分解装置で気体を供給したあと，泡が消えるまで時間をおくと電流は小さくなる
```

あとは，実験でこのことを確認する。その結果，電流が小さくなったので，次のインダクションが成立する。

> 細かい泡が極板につき，反応面積を大きくしている
> → 電気分解装置で気体を供給したあと，泡が消えるまで時間をおくと電流は小さくなる
> 電気分解装置で気体を供給したあと，泡が消えるまで時間をおくと電流は小さくなる
> ∴ 細かい泡が極板につき，反応面積を大きくしている

　これらのことから，泡のように気体と液面と極板との接触面積（三相反応帯の面積）を大きくすることが効果的であると考えられる。このように，探究の過程を辿りつつ，問題の解決を図ることが教材開発には必要である。また，教材の観点からは，金属（白金）の光沢を維持することが望ましい。しかし，水中の泡を作ることは難しい。そこで，水中ではなく，気体中に着目し，極板の表面をできるだけ，水溶液で覆う方法を考えた。そのためには毛細管現象などにより，極板に水溶液を上げ三相反応帯の面積を増やすのがよいと考えた。そこで思い出したのは，以前に乾電池の自作をしたときに，極板（亜鉛筒）を十分に接触させるために，溶液で湿らせた紙を巻いた経験であった。

> 亜鉛の電極の接触面を増やすのに湿らせた紙を使用した
> ↓
> 接触面が増えて上手くいった

このことから，次のアブダクションが考えられる。

> 接触面積が大きくなる
> 湿らせた紙で電極をぬらす → 接触面積が大きくなる
> ∴ 湿らせた紙で電極をぬらす

　本教材でも紙で試したところ，効果は認められたものの，水酸化ナトリウム水溶液では紙が溶けて上手くいかなかった。そこで，溶けないプラスチック網を使用することにした。
　この場合，プラスチック網を発想するのに，まず，電池における紙の効果があり，そのアナロジーで紙を試している。それは，上手くいくはずであったが，溶液の性質という別の要因からプラスチック網に変更した。まとめる

と次のようになる。

> 接触面積（三相反応帯の面積）が大きくなる
> プラスチックの網を被せる　→　接触面積が大きくなる
> ∴　プラスチックの網を被せる

いくつかのプラスチック網を試した結果，うすいポリプロピレン網を被せることにした。この網は，半透明で目立ちにくく，金属の光沢を保つことができるため，紙より適していた。そして，後述のように約3倍もの電流を得ることができた。構造，製作は少し複雑になるが，見た目にはほとんど変わらず，製作コストを大きく削減することができた。

教材を製作していると製作中に様々な問題が生じ，それを解決するために新しい発想を必要とすることが多い。その発想は，上手くいかないことも多々あるが，場合によっては良い工夫を思い付き，思わぬ効果を上げることがある。

2　フロッピーディスクケースを利用した燃料電池[24]

I．はじめに

エネルギー概念の育成は，理科教育にとって重要な課題の一つである。高等学校学習指導要領理科編理数編には，物質の資源の利用，エネルギーの変換や利用，あるいはそれら双方にかかわりのある身近な科学技術の課題例として，燃料電池でのエネルギー変換が挙げられている。

燃料電池は，最先端の科学技術の一つとして，研究開発が行われている。それは，エネルギー変換の効率が良いこと，環境にやさしいこと，燃料が多量にあることなど，新しい発電システムとして多くの可能性を秘めているからである。

燃料電池についての教材化は，これまでも多く研究されている。例えば，利安・塩[25]は，電極に炭素，電解液に水酸化カリウム水溶液などを用いて電解液を電気分解した後，電源を外し，放電させる方法を用いている。また，

塚越・中道[26]は，電極に白金黒メッキをしたニッケル金網，電解液に水酸化カリウム水溶液，気体の水素と酸素を供給する方法を用いている。今井[27]は，身近な材料を工夫し，電気分解の電極（鉄製ユニクロメッキ）と燃料電池の電極（白金黒メッキをした銅金網）を分ける方法を用いている。谷川[28]は，電極に白金はく（極板面積40cm^2），電解液に水酸化カリウム水溶液，気体の水素と酸素を供給する方法を用いている。しかし，今回，より安全に実験できるようにフロッピーディスク内に電解液を入れたこと，効果的な学習ができるように水の電気分解との関連を考慮したことや気体の水素と酸素の体積変化を観察できるようにしたこと，安価に製作することができるように白金はくが少量（極板面積10cm^2）でも十分に発電するようにポリプロピレン網を利用するなどを工夫したフロッピーディスクケース型燃料電池（以下 FDC）を開発した。

II．燃料電池について

図26は，アルカリ型燃料電池の基本構造を示したものである。

燃料に水素，酸化剤に酸素をそれぞれ電池外部から供給し，電解液にアルカリの水溶液を使用する。各電極では次の反応が起こり，外部回路に電流を

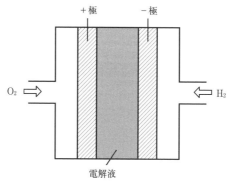

図26　燃料電池の原理図

取り出すことができる。

正　極：$1/2O_2 + H_2O + 2e^- \rightarrow 2OH^-$　　　　　　　　　　（1）

負　極：$H_2 + 2OH^- \rightarrow 2H_2O + 2e^-$　　　　　　　　　　（2）

全反応：$H_2 + 1/2O_2 \rightarrow H_2O$　　　　　　　　　　　　　　（3）

水素と酸素から熱化学的に水を発生させた場合，エンタルピーの減少分の熱量が発生する。電気化学的反応の場合，ギブス自由エネルギーの減少分が取り出すことのできる電気エネルギーの最大値となる。そのため，この反応により生じる熱力学的起電力は，298.15K，0.1MPaで1.23V である。理想熱効率（エンタルピーの減少量に対するその温度でのギブス自由エネルギーの減少量の割合）は，水素－酸素型燃料電池では298.15K，0.1MPa で83%となる。ただし，実際の効率は過電圧などにより低下する。

電極での反応は，気相（気体），液相（電解液），固相（電極，触媒）の三相が接触する三相反応帯（三相界面）で反応が進行するといわれている。

Ⅲ．燃料電池（FDC）の製作

燃料電池を教材化し，基本的な原理やエネルギー概念を理解できるように，次の目標を設定した。

① 安全かつ簡単に実験が可能なこと。
② 電解液には水酸化ナトリウム水溶液を使用すること。
③ 電極はメッキしていない金属を使用し，両極を同種の金属にすること。
④ 外部から供給された気体の水素と酸素を使って発電可能なこと。
⑤ 安価に製作できること。

（1）基本構造

図27は，FDC の基本構造を示したものである。

気体の供給は，注入口よりビニール管を通して行う。水の電気分解の実験や電気分解用電極を使用して水素，酸素を供給することも可能である。

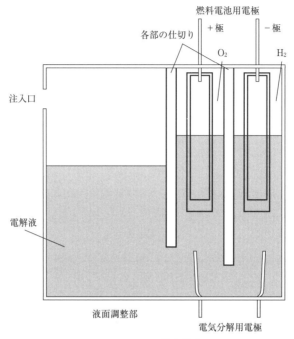

図27　FDCの基本構造

(2) 準備物について

図28は主な材料を示したものである。

材料は水酸化ナトリウム水溶液に対してある程度の耐性が必要である。フロッピーディスクケース（以下FDケース）は，透明なポリスチレン製でふたが平らなタイプを使用する。白金はくは，厚さが約 $1\,\mu$m のものあるいは厚さが $0.1\,\mu$m のテフロンシート付きのもの（静電気ではりつけてある）などが適している。白金はくとつなぐための導線は，エナメル線あるいは銅線を用いる。電気分解用電極はニッケル線あるいはステンレス線を用いる。ポリプロピレン網はうすい和紙のようなもの（台所用品など）を使用する。接着剤は，強度の必要な場所にはエポキシ系，ポリスチレンにはアクリル用接着剤（二

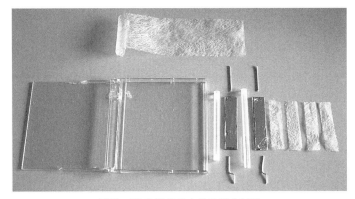

図28　FDC製作のための基本材料

上は，詰め込み用ポリプロピレン網（55mm×150mm 1枚）
下は左から，
・フロッピーディスクケース1個
・仕切り用ストロー（φ6mm×70mm 1本）
・電極（ポリスチレン板（55mm×15mm）の両面に白金はく（50mm×10mm）をそれぞれはり付けたもの。すぐ上にエナメル線又は銅線（φ1mm×30mm），すぐ下にニッケル線又はステンレス線（φ1mm×30mm）を並べてある。）
・仕切り用ストロー（φ6mm×80mm 1本）
・電極（上に同じ）
・ポリプロピレン網（55mm×15mm 4枚）

塩化メチレン，1,2-ジクロロエタンなど）を使用する。防水と接着を兼ねて，ポリエチレンを熱で溶かして接着するもの（以下熱式接着剤）も使用する[29]。

(3) 製作

a. FDケースと仕切り用ストローの加工

FDケースには，各種電極用の穴（φ1mm）を上面（左端から10mm，35mmの位置）と下面（左端から10mm，35mmの位置）に開ける。また，注入口（6mm×10mm）を側面（上部から15mmの位置）に開ける（図27参照）。

仕切りには，ポリプロピレン製のストローを使用する。ストローの断面は丸く，弾力性があり，気密性を高くすることができるからである。また，図29のように，長い方のストローの一部を切り取り，その中に，ポリプロピレン製の網を丸めて詰める。こうすることで，電気分解用電極間の抵抗を小さ

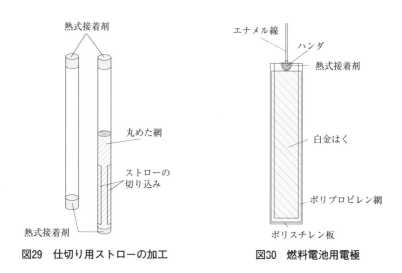

図29 仕切り用ストローの加工　　図30 燃料電池用電極

くすることができ，同じ電圧（3.0V）をかけた際に約2倍の速さで電気分解を行うことができる。

　b．電極の加工

図30は，燃料電池用電極の構造を示したものである。両面に50mm×10mmの白金はくを接着剤ではり付け，ハンダでエナメル線と接続する。ハンダは電解液に触れないように，熱式接着剤で覆う。白金はくの上をうすいポリプロピレン網で覆い，周囲を熱式接着剤で固定する。

　c．FDCの組立と目盛り付け

電極とFDケースの接点は，エポキシ系の接着剤で固定後，熱式接着剤で覆う。その後，熱式接着剤を使用してFDCを組み立てる。組み立てたFDCの周りをアクリル用接着剤などを使用して，気体や水溶液が漏れないようにする。

気体供給用のビニール管は，注射器と接合する部分以外を湯に入れた後，外径3～4mmになるように引き伸ばして作る。このビニール管と注射器を使用して，FDCに空気を入れ，図31のように，0.5cm^3ごとに目盛りを付け

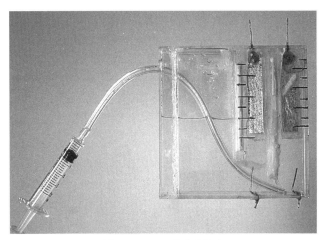

図31　FDCの目盛り付け
作例では，目盛りは裏面に付けている

る。
(4) 使用法

注入口よりスポイトで電解液（水酸化ナトリウム水溶液）を入れる。注入口が上を向くようにFDケースを90°回転させると，燃料電池の電極部にたまっていた空気（泡）が移動し，燃料電池用電極を電解液で満たすことができる。注入する電解液の量は，約25cm^{3}で，液面調整部の高さが4cm程度になるようにする。

使用法A　外部から供給した気体を使用する場合

ビニール袋などに水素を入れ，次に，注射器内に水素を取り込む（図32参照）。注射器の先にビニール管を取り付け，目盛り付けと同じ要領で，FDCに水素を供給する。同様にして酸素も供給する。気体を供給すると燃料電池用電極から電流を取り出すことができる。

使用法B　電気分解した気体を使用する場合

電気分解用電極に，電源装置などを使って電圧（約3.0V）をかけ，水の電

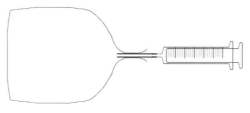

図32　気体の採集

気分解によって，水素と酸素を供給する．その結果，燃料電池用電極から電流を取り出すことができる．

Ⅳ．燃料電池 FDC の性質

（1）FDC の機能

FDC を教材として使用する関係上，常温，常圧で，5％の水酸化ナトリウム水溶液を使用した．水の電気分解の学習との関連を考えたからである．

製作した FDC の起電力は約 1 V で，電子メロディを鳴らすことができた．また，FDC を 2 個直列につなぐことにより，発光ダイオード（1.7V 用）を点灯させ，ソーラー電卓につなぐとソーラー電池を使用しなくても動かすことができた[30]．

（2）使用法 A, B による電圧，電流の変化

使用法 A では，水素と酸素はボンベから採集した気体を使用し，水素 $3.0cm^3$，酸素 $1.5cm^3$ を供給した．また，使用法 B では，電気分解用電極に 100mA の電流を数分流して，水素 $3.0cm^3$，酸素 $1.5cm^3$ を供給した．FDC の開放電圧を電位差計を用いて測定したところ，最大値で 1.01V を得た．電圧については，使用法 A, B による有意な差は見られなかった．しかし，電流については，違いが見られた．図33は，内部抵抗が 2.0Ω の電流計で短絡電流値を測定した結果である．

接続直後は大きい電流が流れる．接続直後から数分間は使用法 B の方が電

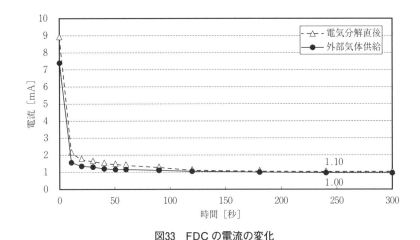

図33　FDCの電流の変化

流値が大きい。しかし，時間とともに両方の差は小さくなる。最初のうち，使用法Bの電流値が使用法Aに比べて大きいのは，白金電極に付着した気泡によって，三相反応帯の面積が大きいためであると考えられる。というのは，使用法Aでは，細かい気泡がほとんど生じないのに対し，使用法Bでは，最初のうち，細かい煙のように生じた気泡が燃料電池用電極の表面に多数付着するからである（図34参照）。この気泡は時間とともに減少する。

さらに，気泡の影響を調べるために，ポリプロピレン網をかぶせていない白金はくを使用したFDCを使用して，気泡の影響を調べる。図35は，ポリプロピレン網をかぶせていない白金はくを使用したFDCで，電気分解直後からと気体を供給した後1時間放置してからの電流の変化を測定した結果を示したものである。

電流値は，1時間後から測定したものは小さく，電気分解直後から測定したものは比較的大きい。電気分解による気泡が影響するためと思われる。

（3）ポリプロピレン網の効果

電流は表面積や表面の状態と関係するので，白金の表面をポリプロピレン

図34　使用法Bにおける電極のようす

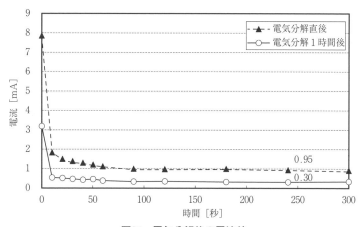

図35　電気分解後の電流値

ポリプロピレン網をかぶせていない電極を使用。使用法B，水素3.0cm^3，酸素1.5cm^{3}を供給。内部抵抗2.0Ωの電流計で測定。

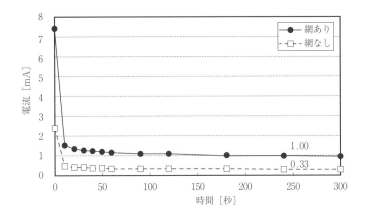

図36 ポリプロピレン網の効果
使用法A，水素3.0cm^3，酸素1.5cm^{3}を供給。内部抵抗2.0Ωの電流計で測定。

網で覆い，表面を有効に利用することを試みた。図36は，使用法Aで，白金のみの場合と白金をポリプロピレン網で覆った場合について，電流値を調べた結果である。

白金をポリプロピレン網で覆った場合には，白金はくのみの場合に比べて約3倍の電流値が得られた。これは，ポリプロピレン網で覆うことによって，電解液が白金はくを広く覆うなど，三相反応帯の面積が増加したためと考えられる。

（4）電気化学的合成の量的関係について

図37は，電解液に5％水酸化ナトリウム水溶液を使用して，FDCで電気分解したときの気体の発生量を時間の経過とともに測定したものである。

ファラデーの電気分解の法則によれば，100mAを4分間流した場合，水素は2.8cm^3，酸素は1.4cm^{3}発生する。実験値は，水素2.7cm^3，酸素1.35cm^{3}であり，ほぼ理論値に一致する。

一方，図38は，内部抵抗2.0Ωの電流計につないで酸素と水素の消費量について調べた結果であり，表3は，そのときの電流値を示している。

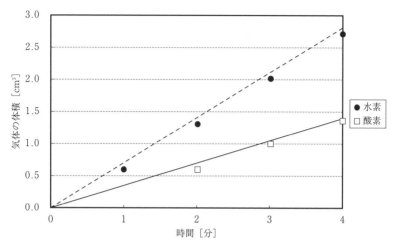

図37 電気分解による気体の発生量

5％水酸化ナトリウム水溶液に，100mAの電流を流した。電圧は約3.0V，電極はニッケル。直線は理論値を表す。

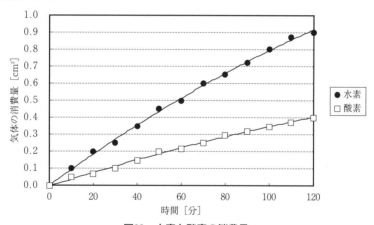

図38 水素と酸素の消費量
（使用法A，水素3.0cm^3，酸素3.0cm^{3}を供給。）

表3 時間と電流との関係

時間（分）	0	20	40	60	80	100	120
電流（mA）	7.40	0.90	0.79	0.70	0.63	0.52	0.40

一定時間における気体の消費量は，電流の大きさとともに徐々に減少する。図38と表3から，実験開始後20分から120分までの水素についてのファラデー効率（電流効率）[31]を求めると約70％となる。この原因はよく分からないが，電極での反応やガスの影響などが考えられる。しかし，消費される水素と酸素の割合が約2：1であることは，燃料電池を理解させる上で効果的である。

V．教材の取扱いについて

FDCは，生徒の理解が容易になるように，次の点を工夫した。
① 気体を外部から供給できるようにしたのは，電気分解後，同じ電極を用いてそのまま燃料電池として使用すると，コンデンサーや鉛蓄電池などとの違いが分かりにくいからである。
② 両電極にメッキをしていない白金を使用したのは，正極と負極の材質が異なると，ボルタの電池などとの違いが分かりにくく，また，メッキを行った電極を用いると，局部電池が生じる可能性があるからである。

特に，①については注意が必要である。というのは，燃料電池として発表されている教材の中には，電気分解後に電気分解用電極からそのまま電流を取り出す方法を用いているものがあるからである。

FDCにおいて，電気分解後，電気分解用ニッケル電極間の電圧を測定した。その結果，接続直後は1.5V以上，その後しばらくは1.3V以上の電圧が得られた。また，ステンレス電極のFDCで測定した結果，1.6V以上の電圧が得られた。これらの値は，電気分解時の電圧には，ほとんど影響されず，電極の気泡の減少とともに，電圧が低下する。気泡の減少とともに電圧が低下することから一種の燃料電池となっている可能性も考えられる。しかし，1.23V以上の電圧が生じることから，水素－酸素による純粋な燃料電池ではなく，電気分解による電極表面の酸化などの要因が関係していると考えられる。

燃料電池であることを明確にするためには，外部から気体を供給する方法

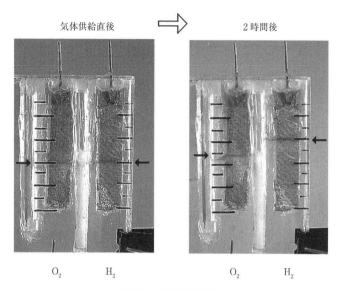

図39 気体の消費量
気体供給直後は、水素 $3.0cm^3$、酸素 $3.0cm^3$ であったが、2時間後には、水素 $2.1cm^3$、酸素 $2.6cm^3$ に減少した。

(使用法A)が最適である。そして、発電とともに気体が消費されることを確認することが重要であると思われる。図39は、気体注入直後と2時間発電させたあとの気体の量を示したものである。このように、発電に使用された水素と酸素が約2：1の割合になることを確かめることが重要である。このことは、20分程度でも確認することができ、燃料電池を理解させる上で効果的である。

気体の供給を電気分解で行う場合(使用法B)でも、一度外部から供給した気体で発電できることを確認することが大切であると考える。このことを確認すれば、あとは気体の供給が簡便な使用法Bを利用することも可能である。例えば、乾電池、太陽電池、手回し発電機などを使用して、水を電気分解すると水素と酸素が2：1の割合で発生する。発生した気体を使用してFDCが発電するに従い、水素と酸素が2：1の割合で消費されることを確

認することで，電気分解と燃料電池の理解が容易になり，エネルギー変換に関する理解も深まるものと思われる。

Ⅵ. おわりに

FDC は，安価に製作でき，安全かつ簡単に実験することができる。水素－酸素型燃料電池を効果的に理解させることができ，エネルギーに関する探究的・発展的な学習の教材として適していると思われる。

第3項　化学的な寒剤

1　塩化カルシウムの寒剤としての利用[32]

教材開発の実例として「霧箱における塩化カルシウムの寒剤としての利用」を取り上げ，考察する。ドライアイスを利用した霧箱は，すぐれた教材として普及している。しかし，ドライアイスは保存が難しく，入手が難しい地域があるという問題点がある。そこで，ドライアイスの代わりに，塩化カルシウム 6 水和物（$CaCl_2 \cdot 6H_2O$）を寒剤として利用する方法を開発した（柚木・津田（2012））[33]。

ドライアイスを使用しない方法の開発については，ドライアイスの代替を考慮する必要がある。この場合，推論形式は次のようになる。

```
低温
A  →  低温
∴  A
```

これは，アブダクションと同形式の推論である。

「A」は，「A→低温」という条件から求めることになる。つまり，何が冷やすために必要かを知らなければならない。そして，適切な「A」を選択するのである。ここで，選択に必要と思われる条件を次に挙げる。

a　能力
b　安全

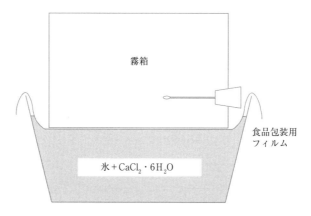

図40　寒剤により冷却した霧箱

- c　価格
- d　難易度（実験の容易さ）
- e　時間
- f　入手，保存，管理の容易さ
- g　その他（教材数，教師実験，生徒実験などの適応性など）

どれを優先するか，また，どの程度考慮するかは難しい。今回はドライアイスの代替として寒剤の使用を選択した。霧箱として使用したのは，ドライアイス用に作られた簡易型霧箱キット（原子力エンジニアリング株式会社）であり，線源（閃ウラン鉱石）もキットのものを利用した。寒剤と氷は発泡スチロール製のカップラーメンの容器に入れ，食品包装用フィルムを敷いた上に霧箱を置いて観察した（図40）[34]。

試行錯誤の結果，この装置では，約-40℃まで寒剤の温度を下げる必要があることが明らかになった[35]。当初は次の候補を考えていた[36]。

塩化亜鉛（-62℃）

塩化カルシウム6水和物（-54.9℃）

硫酸（−37℃）
塩化マグネシウム6水和物（−33℃）　（　）内は到達可能温度を示す

まず，塩化亜鉛と硫酸は「安全」に問題があるため除外した。次に，$MgCl_2 \cdot 6H_2O$ は「能力」不足と考えた。結局，$CaCl_2 \cdot 6H_2O$ が残ったが，「価格」に問題があった。$CaCl_2 \cdot 6H_2O$ は，寒剤として大量に使用できるほど安価な試薬ではない。ここで候補がなくなってしまった。他の候補を考えたが，適切なものを見つけることができなかった。そこで，安価に $CaCl_2 \cdot 6H_2O$ を入手できる方法として，$CaCl_2 \cdot 6H_2O$ をつくることを想起した。

塩化カルシウム（$CaCl_2$）には，いくつかの水和物がある。水和物（$CaCl_2 \cdot nH_2O$）には n=1, 2, 4, 6 のものがあり，飽和溶液から −54.9〜29℃ で n=6, 29〜45℃ で n=4, 45℃ 以上で n=2 のものが析出する[37]。通常，融雪剤などとして販売されているのは，塩化カルシウム2水和物（$CaCl_2 \cdot 2H_2O$）であり，価格が安く，入手も容易である[38]。そこで，安価な $CaCl_2 \cdot 2H_2O$ から $CaCl_2 \cdot 6H_2O$ を作ることができないかと考えた。

例えば，硫酸銅無水和物（$CuSO_4$）に水分を与えると5水和物（$CuSO_4 \cdot 5H_2O$）に変化する。同様に，$CaCl_2 \cdot 2H_2O$ に水分を与えると $CaCl_2 \cdot 6H_2O$ に変化するかもしれないと考えた。この推論はアナロジーである。ここでは，「塩化カルシウム水和物を変化させる」というターゲットから，「水和物」というカテゴリーを設定し，「水分を与えると硫酸銅水和物が変化する」というベースから，「水分を与えると塩化カルシウム2水和物は変化する」を導き出している。つまり，アブダクションにおけるA（水分を与える）→C（塩化カルシウム2水和物は変化する）の関係を塩化カルシウムと硫酸銅の類似性と，A（水分を与える）→B（硫酸銅水和物は変化する）から想起するものである[39]。

塩化カルシウム2水和物は変化する
水分を与える　→　塩化カルシウム2水和物は変化する
∴　水分を与える

記号化すると

```
C
(塩化カルシウムと硫酸銅は水和物をもつという共通する性質がある)
(A → B ならば)
A → C
∴ A
```

今回の仮説に従って,白い粒状の $CaCl_2 \cdot 2H_2O$ に若干の水を加え,放置したところ,$CaCl_2 \cdot 6H_2O$ らしき透明な塊が若干できた。しかし,ほとんどは $CaCl_2 \cdot 2H_2O$ が白いまま固まってしまった。そこで,再結晶による $CaCl_2 \cdot 6H_2O$ の精製を試みた。その結果,安価に $CaCl_2 \cdot 6H_2O$ を多量に得ることができた。得られた $CaCl_2 \cdot 6H_2O$ を使用して,前述の霧箱の実験を試みた。しかし,放射線の飛跡を見ることはできなかった。

放射線の飛跡が見えないのは,霧箱が冷えないことに起因することは容易に推測できる。例えば,$CaCl_2 \cdot 6H_2O$ を286g,雪を200gで実験を行った場合,最もよく冷えた寒剤の温度は-38℃であった。しかし,寒剤の問題ではなく,霧箱の構造などに原因があると考えることもできる。例えば,

```
霧箱が冷えない
霧箱の構が悪い → 霧箱が冷えない
∴ 霧箱の構造が悪い
```

これは,アブダクションである。もし,霧箱の構造が悪いことが原因であれば,ドライアイスで冷却しても見えない可能性が高い。

```
霧箱の構造が悪い
霧箱の構造が悪い → ドライアイスで冷却しても霧箱が冷えない
∴ ドライアイスで冷却しても霧箱が冷えない
```

これは,アブダクティブなディダクションである。実験の結果,ドライアイスで冷却して見えたならば,次のように考えることができる。

```
霧箱の構造が悪い → ドライアイスで冷却しても霧箱が冷えない
ドライアイスで冷却して霧箱が冷えた(結果)
```

> ∴ 霧箱の構造が悪くない

これは，形式⑥の対偶であり，反証の形式である。

> A → B
> $\overline{B}$
> ∴ $\overline{A}$　　　（Aの否定を$\overline{A}$で示す）

この形式は，インダクションに似ているが，妥当な推論である。ただし，現実に当てはめていくと，様々な要素が関係するため，必ずしも明確には決まらない場合も多い。例えば，多少霧箱の構造が悪くてもドライアイスの時は，冷却能力が高いために問題はなかったが，寒剤の時には問題が生じたといったことも皆無ではない。つまり，アブダクティブなディダクションで導入した「霧箱の構造が悪い→ドライアイスで冷却しても霧箱内が冷えない」が必ずしも真とは限らないのである。しかし，あらゆる可能性を考えつつも，現実に照らし合わせながら推論を進めることが大切である。

さて，ここでは霧箱そのものの改良には触れず，寒剤の冷却能力に絞り，進めることとした。

> $CaCl_2・6H_2O$と氷で冷えない
> A → $CaCl_2・6H_2O$と氷で冷えない
> ∴ A

適切に実験すれば，$CaCl_2・6H_2O$と氷で到達可能温度まで冷えるはずである。そのため，実験上の不具合に起因する原因があると考えるのが自然である。その場合，寒剤自体は冷えるものの他から熱が供給されて実質的に冷えないのか，あるいは，寒剤自体が何らかの原因で到達可能温度まで冷えないのか大きく二つの原因が考えられる。以下，具体的に何が原因になるのかについて考察する。

まず，「A」が何であるのかについて，「熱が供給されている」という観点から次の候補を考えた。

　A1　断熱が不十分

A2　室温が高い

A3　寒剤と氷の量が少ない

　まず，A1については，冷たいものの温度が上がるのは断熱が不十分であり，断熱をしっかりすれば冷たいままで保持できるという一般的な知識から想起した。A2については，夏には冷たい氷もすぐに溶けるなどの経験から想起した。A3は氷の量が少ないとすぐに溶けるという知識から想起した。いずれも一般的な知識や経験から想起可能な仮説であり，容易なアブダクションである。

　しかし，本実験では，前述のように発泡スチロールと食品包装用フィルムで囲まれた中で行っており，温度は寒剤と氷の混合物の中に温度計を入れて測定したので，外部からの熱による影響は少ないと思われた。また，温度上昇はゆるやかで，A1，A2の影響は少ないと考えた。また，A3を確かめるために，量を変化させて実験を行ったが，氷が100g以上の場合，温度はほとんど変わらなかった。また，塩化ナトリウム（NaCl）などで同様の実験を行った場合，かなり到達可能温度に近づくことなどを考え合わせると熱が供給されている可能性は少ないように思われた。ただし，NaClは，到達可能温度が $CaCl_2・6H_2O$ に比べて30℃以上高いため，$CaCl_2・6H_2O$ の場合はより大きな影響を受けると考えられる。それでも，到達可能温度との差がNaClではほとんどないのに比べて，$CaCl_2・6H_2O$ では約20℃というのは大きすぎると考えた。そこで，影響はないとはいえないものの主原因は他にあると考えた。

　次に，「寒剤自体が冷えていない」という観点から，次の候補を考えた。

A4　$CaCl_2・6H_2O$ が不適切

A5　氷の状態や大きさが不適切

A6　混ぜ方が不適切

　まず，A4については，$CaCl_2・6H_2O$ の純度や粒度などに問題があるのではないかと考えた。特に，今回は $CaCl_2・2H_2O$ から精製したものを使用し

たためその可能性は大きいと考えた。A5は，雪ではよく冷えたが氷ではあまり冷えなかったという結果（八重樫（2000））[40]から，氷の状態や粒度が大きく関係すると考えた。A6は，それぞれの要素に問題がないのであれば，混ぜ方に関係するかもしれないということから想起した。

$CaCl_2 \cdot 6H_2O$ については，市販の試薬で実験したが，結果は同じであった。また，$CaCl_2 \cdot 6H_2O$ の粒度については，あまり大きい（直径2mm以上）と下がらなくなるが，ある程度粒度が小さいものが混じっていると大きな差異はみられなかった。そのため，主要な原因ではないと判断した。また，数日経った硬い雪（氷）は，ふわりとした新雪に比べ，冷却能力は低下し，約−30℃までしか冷却できないことが明らかになった。ただし，新雪やかき氷器で削った氷でも約−38℃までしか冷却できず，氷が主原因ではないように思われた。混ぜ方も，一度にまぜる，少しずつ混ぜる，氷に $CaCl_2 \cdot 6H_2O$ を混ぜる，$CaCl_2 \cdot 6H_2O$ に氷を混ぜるなど様々なことを試してみたが，結果に有意な差はみられなかった。

以上のように，実験を繰り返したが，主原因を突き止めることはできなかった。しかし，試行錯誤を繰り返すうちに，低い温度に到達する場合の条件に気づいた。それは，$CaCl_2 \cdot 6H_2O$ と氷を混ぜるとシャーベット状になるのであるが，温度が下がらないときほど液状化が激しい，すなわち，すぐに水溶液が多量にできるということであった。つまり，$CaCl_2 \cdot 6H_2O$ と氷を混ぜたあと氷が溶けるのが遅いほどより低温になることが明らかになった。それは，$CaCl_2 \cdot 6H_2O$ が氷と反応して溶ける時に冷えるため，水溶液では氷の場合ほど温度が下がらないからである[41]。

ここで，この実験上の大きな誤りを見つけた。それは，寒剤自体の温度を考慮していなかったことである。

氷が速く溶ける
$CaCl_2 \cdot 6H_2O$ が暖かい　→　氷が速く溶ける
∴　$CaCl_2 \cdot 6H_2O$ が暖かい

CaCl$_2$・6H$_2$O が暖かいことが原因で氷が速く溶けるのであれば，氷を溶けにくくするためには CaCl$_2$・6H$_2$O を冷やしておけばよいはずである．

```
氷が溶けにくい
CaCl$_2$・6H$_2$O を冷やす→氷が溶けにくい
∴　CaCl$_2$・6H$_2$O を冷やす
```

そこで，CaCl$_2$・6H$_2$O を冷蔵庫で冷やして実験したところ，氷が溶け出す量がかなり減り，粘りけのあるシャーベット状になり，−46℃まで冷却することができた．

```
CaCl$_2$・6H$_2$O を冷やす　→　氷が溶けにくい
氷が溶けにくい（結果）
∴　CaCl$_2$・6H$_2$O を冷やす
```

つまり，冷えなかった主原因は，CaCl$_2$・6H$_2$O が室温まで暖かくなっていたことであり，解決策としては，CaCl$_2$・6H$_2$O を冷却しておく方法が有効であることが明らかになった．

これほど簡単なことになぜ気づかなかったのか？　実験条件を厳密にしなかったことは最大の原因である．しかし，それ以外に，NaCl の場合には到達可能温度近くまで下がったことが挙げられる[42]．そのために，寒剤自体の温度の影響を過小評価してしまい，判断を誤ったのである．

以上のように，教材の開発過程について，推論形式をもとに考察した結果，教材の開発や改善は，探究の過程に従って進み，推論が大きく関与することが明らかになった．もちろん，思考は必ずしも推論形式のとおりに進むのではなく，また，すべての推論を意識できるわけでもない．しかし，推論形式を意識し，その形式に従うことは，推論の目的を明確にし，教材の開発，改善に有効であると考えられる．

2　実用的な化学的寒剤開発の過程[43]

前節で，霧箱に適切な寒剤として，CaCl$_2$・6H$_2$O を採用した．しかし，

「−50℃程度まで下げるためには，① $CaCl_2 \cdot 6H_2O$ は冷蔵庫で0℃近くまで冷やしておくことと② $CaCl_2 \cdot 6H_2O$ と氷は粉状にしておくことが必要である。特に，問題となるのは，$CaCl_2 \cdot 6H_2O$ を粉状にすることである。高温多湿の環境では，すぐに溶け出してしまうため，低温で乾燥した冬などに精製した結晶を大量に粉にしておく必要がある。さらに，融点が約30℃と低いため，冷蔵庫での保管が必要である。」[44] ことが明らかになった。そのため，$CaCl_2 \cdot 6H_2O$ 以外の寒剤について，次のような条件で再考することした[45]。

 a 低温になること
 b 安全であること
 c 安価であること
 d 入手が容易であること
 e 取扱いが容易であること

霧箱に適切な寒剤
A → 霧箱に適切な寒剤
∴ A

 しかし，これらを満たす適切な寒剤は見当たらなかった。そこで，Aを定めるにあたり，aの条件，すなわち寒剤としての能力の制限を緩めることを考えた。すなわち，$CaCl_2 \cdot 6H_2O$ に次いで低温になる $MgCl_2 \cdot 6H_2O$（−33℃）について注目した。$MgCl_2 \cdot 6H_2O$ は，融雪剤として使用されていることもあり，融雪剤が使用できれば，ほとんどの条件を満たすことができる。

 $MgCl_2 \cdot 6H_2O$ は，古い文献には寒剤としての記述がほとんどない。それは，$CaCl_2 \cdot 2H_2O$ と同様，水に溶けると発熱するためであり，実験データもほとんどなかった。そこで，100gの氷（かき氷）に $MgCl_2 \cdot 6H_2O$ の粉末（0.5-1.0mm）85gを加えてかき混ぜたところ，−40℃近くまで下がることが何度かあった。−40℃近くまで下がる場合は，市販の霧箱でも放射線の飛跡を確認することができた。しかし，約−33℃までの場合もあり，その時には

明確に放射線の飛跡を確認することができなかった。

ここで，$MgCl_2 \cdot 6H_2O$ を氷と混ぜて寒剤とした場合，文献値と異なるという驚くべき事実が明らかになった。

寒剤としての $MgCl_2 \cdot 6H_2O$ は文献値以下になる
A → 寒剤としての $MgCl_2 \cdot 6H_2O$ は文献値以下になる
∴ A

例えば，NaCl や $CaCl_2 \cdot 6H_2O$ を氷と混ぜて寒剤とした場合，大きく文献値以下になることはない。ここで，A を考えるために，似た事実すなわち文献値以下に温度が下がる事実について想起した。このことから，水を冷やす場合と同様の原因と考えると次のようになる。

寒剤としての $MgCl_2 \cdot 6H_2O$ は文献値以下になる
過冷却現象が起きる → 寒剤としての $MgCl_2 \cdot 6H_2O$ は文献値以下になる
∴ 過冷却現象が起きる

ここで，アナロジーの科学理論の模式化に倣うと思考の流れを次のように示すことができる。

① 寒剤としての $MgCl_2 \cdot 6H_2O$ はなぜ文献値以下になるのか？（ターゲット）
② 文献値以下になるという点で，寒剤としての $MgCl_2 \cdot 6H_2O$ は水を 0℃以下に冷やす場合に似ている。（ベース）
③ 水を 0℃以下に冷やす場合は過冷却現象が起きるという原因で文献値以下になる。（ベース）
④ だから，過冷却現象が起きるという原因で，寒剤としての $MgCl_2 \cdot 6H_2O$ は文献値以下になるかもしれない。（ターゲット）

こうして，$MgCl_2 \cdot 6H_2O$ を氷と混ぜて寒剤とした場合，文献値と異なるのは，過冷却現象が起こっているのではないかという仮説を設定した。

過冷却現象が起きる
過冷却現象が起きる → 何かのきっかけで混合物の状態に変化が起きる

> ∴ 何かのきっかけで混合物の状態に変化が起きる

　過冷却現象という仮説をもとに，アブダクティブなディダクションで「何かのきっかけで混合物の状態に変化が起きる」ことを調べることにした。過冷却現象は，エネルギー的に不安定であるため，衝撃などのきっかけがあれば，一挙に安定する方に変化することが知られている。また，常に過冷却現象が起きるとは限らないことが知られている。

　実験の結果，次の現象が確認された。

　a　文献値以下になる現象は，常に起きるとは限らない。
　b　文献値以下になる現象は，$MgCl_2・6H_2O$ の粒子が細かい場合（反応が活発に起こる場合）に起きることが多い。
　c　文献値以下になる現象は，雪の場合には起きにくく，かき氷の場合に起きることが多い。
　d　文献値以下になる現象は，融雪剤の $MgCl_2・6H_2O$ では起きにくく，試薬の $MgCl_2・6H_2O$ の場合に起きることが多い。
　e　文献値以下になる現象が現れた場合，かき混ぜ続けていると途中で混合液が一挙に固まり，同時に一挙に温度が上昇する現象が生じた。

　以上の現象，特にeから過冷却現象が生じていると判断した。

　このように，アブダクションを行う場合には，似た事実（似ている現象）を探すことが有効な手段になることがある。

　さて，問題は過冷却現象が起こって文献値以下になっているのであれば，常に過冷却を起こすことや安定して低温を保つことが難しいことである。そのため，市販の霧箱を冷やすには十分ではないと判断した。

　しかし，このことが次の教材開発に繋がった。つまり，霧箱で放射線の飛跡を見るためには，寒剤と霧箱が必要であり，$MgCl_2・6H_2O$ を寒剤として利用することを確定すれば，霧箱を工夫することが必要となる。つまり，次のようになる。

> $MgCl_2・6H_2O$ を寒剤として，霧箱を上手く作動させる
> 新たな霧箱を開発する
> → $MgCl_2・6H_2O$ を寒剤として，霧箱を上手く作動させる
> ∴ 新たな霧箱を開発する

　新たな霧箱とは，$MgCl_2・6H_2O$ を寒剤として使用した場合でも，放射線の飛跡を見ることができる霧箱である。そして，後述する感度のよい霧箱（S霧箱）を開発したため，$MgCl_2・6H_2O$ を寒剤として使用した場合，冷却現象が起こらなくても放射線の飛跡を明確に見ることができるようになった。

　なお，S霧箱では，NaClを寒剤とした場合（約-21℃）でも，放射線の飛跡を見ることができた。しかし，S霧箱で明確に見るためには，-25℃以下まで冷やすことが望ましいことが明らかになった[46]。そのため，-25℃以下になる実用的な寒剤について調査した。その結果，-25℃以下の低温を比較的容易に得ることができる実用的な寒剤として，融雪剤（$MgCl_2・6H_2O$，$CaCl_2・2H_2O$）と C_2H_5OH，NaCl，氷の三種混合が有効であることが明らかになった[47]。

　寒剤については，試行錯誤をしながら調べないとわからないことが多い。ここで，今回取り上げた C_2H_5OH（20g），NaCl（30g），氷（100g）の三種混合について述べる。C_2H_5OH（20g），NaCl（30g）を別々にそれぞれ氷（100g）に混ぜ合わせても-25℃には到達しないが，三種混合にすることで，約-30℃まで下がる。

　もともとは，NaClと氷の寒剤で実験していたところ，NaClの場合は混ぜ合わせた寒剤が固まり，霧箱の底面の金属を傷める（穴が空いたりする）ことが多かった。そこで，寒剤を柔らかくするために，身近にあった液体のエタノールを入れたのであった。そうしたところ，寒剤が柔らかくなっただけではなく，寒剤の温度が-30℃近くまで低下したのであった。これは，驚くべき事実である。

> NaClと氷を混ぜた寒剤に C_2H_5OH を混ぜるとさらに温度が下がる

| A → NaClと氷を混ぜた寒剤にC₂H₅OHを混ぜるとさらに温度が下がる |
| ∴ A |

なぜ温度が下がるかの原因について考える。しかし，もともとC$_2$H$_5$OHも寒剤になること，すなわち，Aを「C$_2$H$_5$OHを氷と混ぜると温度が下がる」とすると，驚くには当たらないことになる。しかし，問題は実用的な効果である。C$_2$H$_5$OHを氷（100g）に混ぜるだけで約 −30℃の低温にするためには，20gのC$_2$H$_5$OHでは通常不可能である。約20gのC$_2$H$_5$OHで大きな効果が得られることが重要である[48]。

Aとしては，「約 −20℃まで下がった氷とC$_2$H$_5$OHが反応する」という仮説を柚木（2015）では論じている。「まず，第一段階として，NaClと氷が反応することにより，−20℃までNaClと氷の温度が下がる。第二段階として，−20℃に下がった氷にC$_2$H$_5$OHが反応し，さらに温度が低下する。」[49]という仮説である。この仮説が定立する過程を分析すると以下のようになる。

図41は，NaClとC$_2$H$_5$OHと氷の三種，NaClと氷，C$_2$H$_5$OHと氷をそれぞ

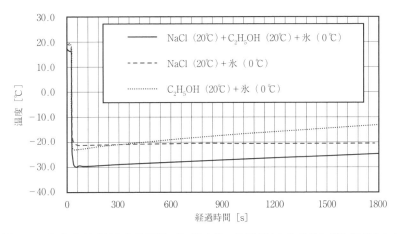

図41 NaClとC₂H₅OHと氷の三種，NaClと氷，C₂H₅OHと氷をそれぞれ混ぜ合わせた場合の温度変化

すべて100gの氷（0℃）に混ぜて温度変化を測定した。NaClは30g，C$_2$H$_5$OHは20gである。

れ混ぜ合わせた場合の温度変化を示したものである。

ここで，温度変化のグラフの傾きに着目すると，NaCl と C_2H_5OH と氷の三種の温度変化が NaCl と氷を混ぜ合わせた場合とは明らかに異なり，C_2H_5OH と氷を混ぜ合わせた場合の温度変化に似ている（傾きがほぼ同じで始点が異なる）ことに気付く。

三種の温度変化が C_2H_5OH と氷の温度変化に似る
三種の温度変化の主原因は C_2H_5OH と氷によるものである
→ 三種の温度変化が C_2H_5OH と氷の温度変化に似る
∴ 三種の温度変化の主原因は C_2H_5OH と氷によるものである

「三種の温度変化の主原因は C_2H_5OH と氷によるものである」が正しいとすれば，下がる温度の違い（始点の違い）は何であろうか？　ここで，$CaCl_2・6H_2O$ で温度が下がらなかったことを想起した。NaCl は，混ぜ合わせる時の温度にほとんど影響されないが，$CaCl_2・6H_2O$ は大きく影響される。つまり，寒剤によっては，混ぜ合わせる時の温度がその後の温度に影響する。$CaCl_2・6H_2O$ の教訓である。$CaCl_2・6H_2O$ の場合は，氷に加える薬剤の温度が問題であった。しかし，今回は薬剤（C_2H_5OH）の温度は同一であるため，氷の温度が問題となる。

したがって，三種の氷の温度が低くなっていることが考えられる。

三種の氷の温度が低くなっている
NaCl と氷の反応により氷の温度が低くなっている
→ 三種の氷の温度が低くなっている
∴ NaCl と氷の反応により氷の温度が低くなっている

三種の氷の温度が低くなるのは，NaCl が関係するのは明らかである。ただし，どのように関係するかは不明である。ここでは，NaCl と氷との一部の反応で全体が冷却され，C_2H_5OH と反応する氷の温度が低くなったと考えた。

以上，仮説の設定に関する考察を C_2H_5OH，NaCl，氷の三種混合を例に論じた[50]。しかし，「アブダクションの過程は論法（argumentation）よりは

むしろ論証（argument）」(6,469)であり，必ずしも，詳細を明確に表せるものではない。それでも，教材の開発に関して，大まかな道筋を示す上で欠くことのできない過程であることは明らかである。これらの議論がなければ多くの教材の開発は行うことができなかったと思われる。教材開発の過程において，アブダクションを意識することの重要性と有効性が窺われる。

3　「寒剤」に関する一考察[51]

I．はじめに

　化学的な寒剤による冷却は古くから知られており，かつては様々な薬剤について，多くの実験が行われ，製氷にも利用されていた[52]。しかし，現在においては，冷蔵庫，冷凍庫をはじめ，ドライアイス，液体窒素，液体ヘリウムなどを使用した多様な冷却方法が可能であり，化学的な寒剤を使用することはほとんどなくなった。

　そのため，化学的な寒剤に関する学術的な研究は最近では少なく，サイエンスマジックとの関係を論じた西村（2011）[53]や湿気取りの塩化カルシウムに着目した中村（2009）[54]に代表されるように，実用的な実験の紹介が主となっている[55]。しかし，学校教育では手軽な冷却方法として，今日でも化学的な寒剤が利用されている。

　例えば，平成20年の小学校学習指導要領解説理科編では，小学校4年生のA物質・エネルギーの（2）金属，水，空気と温度の「ウ　水は，温度によって水蒸気や氷に変わること。また，水が氷になると体積が増えること。」に関して，「また，寒剤を使って水の温度を0℃まで下げると，水が凍って氷に変わることもとらえるようにする。さらに，水が氷になると体積が増えることもとらえるようにする。」[56]と記されている。これは，NaClと氷を混ぜることによって，-20℃程度まで冷やすことができることを利用したものである。小・中学校などの実験室で温度を上げることは比較的容易であるが，温度を下げること，特に，-25℃以下にすることは，様々な制約のなかでは

それほど容易ではない。しかし、氷と薬剤さえあればいつでも容易に冷やすことができる化学的な寒剤が利用できれば、学校などでは有効な方法となる。

ここでは、化学的な寒剤について検討し、いくつかの実用的な方法を提案する。そうすることで、これまで難しかった低温での実験をより容易に行うことができると考える。

II. 化学的寒剤
（1）化学的寒剤の一般的な性質

本稿では、寒剤として氷を含む2種以上の混合物を対象とする。氷と薬剤を混ぜると0℃以下に下がる理由については、次のように説明されている。理化学辞典によれば、「氷と塩類とを混合すると、氷は融解して融解熱を吸収し、塩類はその溶けた氷に溶解して熱を吸収するから、温度は漸次低くなり、あらかじめ共有混合物（含氷晶点）まで下がり、不変系となる。」[57]と説明されている。ここでは、氷の融解熱と塩類の水への溶解熱が重要であることが示されている。しかし、溶解熱については注意が必要である。例えば、芝（1935）によれば、「酸（或いはアルカリ）の溶解（及び稀釋）は発熱的ではあるが、氷の融解熱による冷却が著しいので、やはり寒剤として用いることができる」[58]と記述されている。

同様に、水への溶解が発熱反応である塩類についても寒剤になり得る。例えば、$CaCl_2 \cdot 6H_2O$ の溶解熱は、$\varDelta H = 19.09$ [kJ・mol^{-1}]（18℃、400molの水に溶解する場合）であり[59]、共有点は-54.9℃（$CaCl_2 \cdot 6H_2O : H_2O = 41.2 : 58.8$）であるため[60]、約$-50$℃まで冷やすことが可能である。しかし、$CaCl_2 \cdot 2H_2O$ の溶解熱は、$\varDelta H = -41.86$ [kJ・mol^{-1}]（18℃、400molの水に溶解する場合）であり[61]、発熱反応である。その結果、$CaCl_2 \cdot 6H_2O$ ほど到達点は低くはならないが、それでも約-30℃まで冷やすことが可能である[62]。

以上のように、溶解熱の影響が負にはたらく場合でも、溶解熱の影響が融解熱に比べて小さく、かつ、氷晶点が低い場合は、温度は低くなることがあ

る。そのため，従来着目されてこなかった薬品の中にも寒剤として有用なものがあることが考えられる。

(2) 主な寒剤について

寒剤についての研究は古くから行われており，多くの知見が得られている。表4は，塩化ナトリウムより低温が得られる実用的な寒剤の組成と到達可能温度（多くは氷晶点）の例を示したものである[63]。ただし，実際には，到達可能温度まで冷やすことができるとは必ずしも限らない。芝（1935）によれば，「實際に寒劑を用ひる場合には器壁による熱の傳導があるから，一般に氷晶點に達することは困難である。實際上最も都合のよい寒劑の組成は氷晶の組成とは同一のものではない。」[64]と記述されている。温度の低下は，氷と薬剤との反応によるものであるから，反応が順調に進む条件が満たされなくては

表4 寒剤の組成と到達可能温度

寒　剤	質量比	到達可能温度（℃）
【2成分系】		
NaCl：氷	22.4：77.6	-21.2
KCl：氷	1：1	-30
$MgCl_2$：氷	27：100 – 33.6	
$CaCl_2 \cdot 6H_2O$：氷	58.8：41.2	-54.9
$ZnCl_2$：氷	51：49	-62
NaOH：氷	23：100	-28
KOH：氷	46：100	-65
C_2H_5OH（4℃）：氷	77：73	-30
H_2SO_4（66%）：氷	1：1	-37
【3成分系】		
NH_4Cl：KNO_3：氷	1：1：1	-25
NaCl：$NaNO_3$：氷	21.8：20.5：57.7	-25.5
NH_4Cl：HNO_3：氷	13：38：100	-31

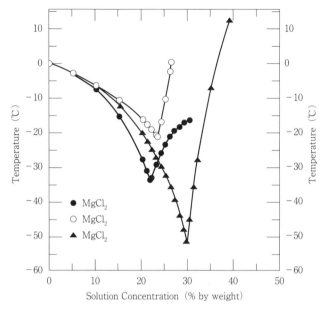

図42 融雪剤 MgCl$_2$, NaCl, CaCl$_2$の濃度による凝固点(S. A. Ketcham, L. D. Minsk, R. R. Blackburn, E. J. Fleege, 1996から3物質のみを表示)

到達可能温度まで達することは難しい。また,反応が順調であっても,熱の伝導や薬剤が水和物に変化するなどの様々な要因によって最適な組成や到達可能温度が変化する場合がある。本研究では,-25℃以下の温度をコンスタントに実現できることを目標に,実用的な寒剤についての研究を行った。

(3) 実用的な寒剤について

実用的な寒剤については,次のような条件を挙げることができる。

a 低温になること
b 安全であること
c 安価であること
d 入手が容易であること
e 取扱いが容易であること

これらの条件は一般的な条件であり，実験の目的によって，条件の重要性も変化すると思われる。例えば，aの「低温になること」については，前述の小学校の水を凍らせる実験の場合，氷と NaCl（-21.2℃）で十分である。氷と NaCl で十分な場合は，他の寒剤について考える必要はない。しかし，例えば，拡散霧箱で放射線の飛跡を見るために霧箱を冷やす場合にはより低温が望ましく，条件が厳しくなる。氷と NaCl で十分でない場合を想定し，今回は，-25℃以下の低温になることを基準の一つに付け加えることとした。

　表4に示した寒剤の中から，a低温とb安全性を優先的に考えると，KCl（-30℃），$MgCl_2$（-33.6℃），$CaCl_2$（-54.9℃），C_2H_5OH（-30℃）などが候補となる。温度に着目すれば，$CaCl_2$の優位性は大きく，次は，$MgCl_2$である。なお，KCl（-30℃）やC_2H_5OH（-30℃）については，$MgCl_2$ほど低温にならないこと，コストの点で劣ることなどから優位性があまりないと考えられる。したがって，今回は$CaCl_2$，$MgCl_2$を中心に，よく使用されているNaClを含めて実用的な寒剤の考察を進めていくこととする。なお，これら三種の薬剤は，融雪剤としても使用されている。

　図42は，融雪剤の$MgCl_2$，NaCl，$CaCl_2$の濃度による凝固点を示したものである[65]。最下点の濃度は，NaClは23%で-21℃，$CaCl_2$は30%で-51℃，$MgCl_2$は21.6%で-33℃とほぼ表4に近い値となっている。

Ⅲ．薬剤を用いた温度変化の実験
（1）実験対象の寒剤

　今回，実験対象として取り上げたのは，表4のうち，$CaCl_2・6H_2O$，$MgCl_2・6H_2O$，NaCl，KCl，C_2H_5OHの5種類である。$CaCl_2・6H_2O$については試薬一級を使用したが，他は試薬特級を使用した。なお，一部融雪剤の$CaCl_2・2H_2O$から再結晶により精製した$CaCl_2・6H_2O$を使用した[66]。また，$MgCl_2・6H_2O$についても，一部融雪剤の$MgCl_2・6H_2O$を使用した。そのため，この2種類の薬剤に関しては，融雪剤を用いた場合には，そのことを明

(2) 簡易実験装置と測定方法

寒剤の実験は，様々な制約（使用機器，測定機器，温度条件など）があり，厳密に行うことは難しい[67]。ここでは，小・中・高等学校の理科室で冷蔵庫（冷凍庫）があれば，容易に再現できることを念頭に，簡易装置を用いて室温で実験を行った。

実験に使用する氷は，電動かき氷器を使用し，雪に近い細かいかき氷（密度 $0.2 \sim 0.3 g/cm^3$）に加工した。作成した氷100gを発泡スチロール製容器（発泡どんぶり　上口径180mm　底面径105mm　高さ70mm）に入れて食品包装用ラップフィルムで蓋をし，低温恒温器（ヤマト科学　プログラム低温恒温器 IN604W －2.0℃に設定）に2時間以上保存した。使用するときは，恒温器から取り出した後，プラスチックトレイの上で約1分間，プラスチックのスプーンで素早くかき混ぜた[68]。ここに，薬剤を入れてプラスチックのスプーン

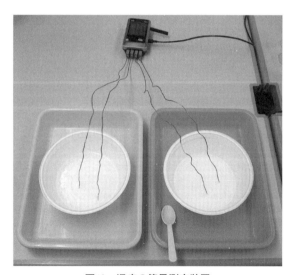

図43　温度の簡易測定装置
測定はT熱電対フレキシブル温度プローブ testo0628.0023を使用し，複数のセンサーで測定した。

で素早くかき混ぜ，一様に混ざった頃に熱電対を入れて測定した（図43）。

熱電対はT型熱電対を使用し，必要により，標準水銀温度計で補正した（測定機器は熱電対温度ロガー（4ch）testo176-T4及びT熱電対フレキシブル温度プローブ testo0628.0023で5秒ごとに測定，校正は棒状標準温度計-50～0℃安藤計器製工所　製品No　1-06-0W　No 0　-50～0℃　JCSS校正証明書付で行った）。なお，測定は，室温（20℃±2℃）で行い，ラップなどでふたをせずに開放系で測定した[69]。

（3）温度変化の実験結果

図44は，氷（かき氷）100gに KCl（0℃）100g，NaCl（0℃）30g，C_2H_5OH（0℃）104g，$MgCl_2·6H_2O$（0℃）85g，$CaCl_2·6H_2O$（0℃）143gをそれぞれ混ぜ合わせた場合の温度変化の結果を示したものである。また，そのときの寒剤の最低到達温度と表4による到達可能温度（塩類は氷晶点）を表5に表す。なお，$CaCl_2·6H_2O$，KCl，NaCl，$MgCl_2·6H_2O$ は，薬剤の粒の大きさを0.5mm～1.0mmの細粒にしたものを使用した。

KCl，NaClについては，最低到達温度はそれぞれ-10.5℃，-21.2℃と比較的高い。しかし，温度変化はほとんどなく，ほぼ一定の温度を持続する。C_2H_5OH，$MgCl_2·6H_2O$，$CaCl_2·6H_2O$ の最低到達温度は，それぞれ-31.7℃，-39.4℃，-47.9℃で-25℃以下の低温を得ることができる。しかし，温度は徐々に上昇し，C_2H_5OH と $MgCl_2·6H_2O$ は傾きがやや大きい。

NaClは氷晶点の-21.2℃と一致しており，C_2H_5OH もほぼ文献値と一致している。しかし，KCl，$CaCl_2·6H_2O$ の最低到達温度は，それぞれ-10.5℃，-47.9℃であり，文献値より高くなっている。一方，$MgCl_2$の最低到達温度は，-39.4℃であり，氷晶点の-33.6℃より低くなっている。

（4）温度変化の実験に対する考察

実験結果から-25℃以下の低温を得ることができたのは，$CaCl_2·6H_2O$，$MgCl_2·6H_2O$，C_2H_5OH である。$CaCl_2·6H_2O$ は低温（-47.9℃）になるが，氷晶点（-54.9℃）とはかなりの差がある。$CaCl_2·6H_2O$ の粒の大きさを

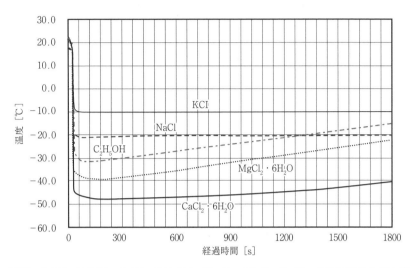

図44 氷100g に KCl, NaCl, C₂H₅OH, MgCl₂·6H₂O, CaCl₂·6H₂O をそれぞれ混ぜ合わせた場合の温度変化

表5 寒剤の最低到達温度と到達可能温度(文献値)

寒剤	最低到達温度 (℃)	到達可能温度 (℃)
KCl	-10.5	-30
NaCl	-21.2	-21.2
MgCl₂·6H₂O	-39.4	-33.6
CaCl₂·6H₂O	-47.9	-54.9
C₂H₅OH	-31.7	-30

0.5mm 以下の細粒にし、かき氷も粉雪のようにできるだけ細かいものを使用したが、-50.5℃までしか下がらなかった。氷晶点(-54.9℃)まで下げることは難しいと思われる。それに反して、MgCl₂·6H₂O は測定のたびに、混ざり具合や氷の状態などにより多少変化するものの、氷晶点(-33.6℃)より到達点が低下する。氷晶点より低下する理由は、過冷却現象が起こって

いるためであると考えられる。そのため，途中で一気に凝結が始まり，急激に温度が変化する場合もある。最後の C_2H_5OH は，到達可能温度（-30℃）より到達点が少し低下している。しかし，表4のデータが C_2H_5OH の温度が4℃の場合であるのに対して，本実験では，0℃の C_2H_5OH を使用したことを考え合わせるとほぼ一致していると考えられる。

なお，$MgCl_2 \cdot 6H_2O$，C_2H_5OH の温度上昇の傾きがやや大きいのは，溶解熱が関係していると思われる。$MgCl_2 \cdot 6H_2O$ の溶解熱は $\varDelta H = -12.31$ [kJ・mol^{-1}] であり，C_2H_5OH の溶解熱は $\varDelta H = -2.67$ [kJ・mol^{-1}] であり，どちらも発熱反応である。$CaCl_2 \cdot 6H_2O$ の溶解熱は $\varDelta H = 19.09$ [kJ・mol^{-1}] で吸熱反応であり，KCl（$\varDelta H = 4.12$ [kJ・mol^{-1}]）や NaCl（$\varDelta H = 0.930$ [kJ・mol^{-1}]）も吸熱反応である[70]。

以上のことから，$CaCl_2 \cdot 6H_2O$ が寒剤に最も適した薬剤と思われる。

Ⅳ．実用的な寒剤の考察

（1）$CaCl_2$ に関して

塩化カルシウム（$CaCl_2$）には，いくつかの水和物があり[71]，前述のように寒剤として効果的なのは $CaCl_2 \cdot 6H_2O$ である。しかし，$CaCl_2 \cdot 6H_2O$ には次のような課題がある。

a $CaCl_2 \cdot 6H_2O$ は高価である。

b 100gの氷に対して約143gの $CaCl_2 \cdot 6H_2O$ が必要であり，多量の薬品が必要である。

c 融点が低い（約30℃）ため，夏には液体になる。

d 潮解性があり，湿度が高いと溶ける。

e 十分な冷却効果を得るためには，$CaCl_2 \cdot 6H_2O$ を低温にする必要がある。

f 十分な冷却効果を得るためには，$CaCl_2 \cdot 6H_2O$ を（乾燥した）粉状にする必要がある。

a については，安価な融雪剤（$CaCl_2 \cdot 2H_2O$）から精製する方法があり，$CaCl_2 \cdot 6H_2O$ を比較的容易に多量に精製することが可能である[72]。また，b についても多量に精製することができるため，コスト的には大きな問題とはならない。しかし，精製するには時間と労力が必要である。また，c，d，e のため，冷蔵庫での保管が必須となる。問題は f であり，低温，低湿度の環境でないと粉状にすることが難しく，環境が整っていても粉状にするのに時間と労力が必要である。ただし，一度作って冷蔵庫に保管できれば利用可能であり，低温を得る有力な寒剤となる。

一方，八重樫（2000）で述べられているように，融雪剤の塩化カルシウム（主成分 $CaCl_2 \cdot 2H_2O$）が寒剤として使用できる[73]。しかし，$CaCl_2 \cdot 2H_2O$ は，水に溶けてかなり発熱するため，$CaCl_2 \cdot 6H_2O$ ほど低温にならず，温度上昇も比較的早い。図45は，氷（かき氷）100gに0℃及び20℃の $CaCl_2 \cdot 2H_2O$（粒状の融雪剤1～4mm）をそれぞれ96gずつ混ぜ合わせた場合の温度変化の

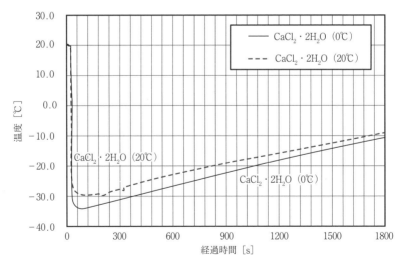

図45　氷100gに0℃及び20℃の $CaCl_2 \cdot 2H_2O$（融雪剤）をそれぞれ96g混ぜ合わせた場合の温度変化

結果を示したものである。

到達温度は，0℃の場合で－34.1℃，20℃の場合で－29.7℃である。薬剤の温度により到達温度に差が出る。そのため，使用する場合には，薬剤を冷蔵庫などで冷やして使用することが望ましい。融雪剤（$CaCl_2 \cdot 2H_2O$）は，純度はそれほど高くないが[74]，寒剤に使用するには十分である。安価に入手できる上，取扱いが比較的容易であり，粒状の製品であれば，そのまま寒剤として使用することも可能である。温度上昇が速いという問題点もあるが，寒剤として使用するのに有効であると思われる。

（2）$MgCl_2$に関して

$MgCl_2$にもいくつかの水和物がある[75]。$MgCl_2 \cdot 6H_2O$ が最も一般的であり，融雪剤も6水和物である。なお，融雪剤（$MgCl_2 \cdot 6H_2O$）の純度は高く検査結果では，99％以上になっている[76]。前述のように，$MgCl_2 \cdot 6H_2O$ については，過冷却現象が発生する場合があり，その場合には，－33.6℃以下まで到達点が低下する。図46は，氷（かき氷）100gに試薬特級の $MgCl_2 \cdot 6H_2O$（0℃）及び融雪剤の $MgCl_2 \cdot 6H_2O$（0.5mm～1.0mm）（0℃）をそれぞれ85g混ぜ合わせた場合の温度変化の結果を示したもので，過冷却現象の途中で凝結が始まったときのものである。

こうした過冷却は，一般的には，純度が高い薬剤と不純物が少ないかき氷とを混合した場合に生じやすい。また，薬剤が細粒（1mm以下）や粉雪のような細かいかき氷の場合に多く生じる。融雪剤を粒状（2～6mm）のまま使用したり，雪を使用したりすると起こる頻度は小さくなるが，図46に示したように，融雪剤の $MgCl_2 \cdot 6H_2O$ を使用した場合でも生じることがある。ただし，過冷却現象は，冷却の速度や氷や薬剤の純度などが関係していると思われるが，必ず起こるとは限らない。

過冷却現象は，冷却する効果が大きいために起こると考えられるので，氷と薬剤の割合が必ずしも表4の割合でなくとも到達点に達する可能性がある。図47は，氷（かき氷）100gに融雪剤（粒状）の $MgCl_2 \cdot 6H_2O$（0℃）を20g,

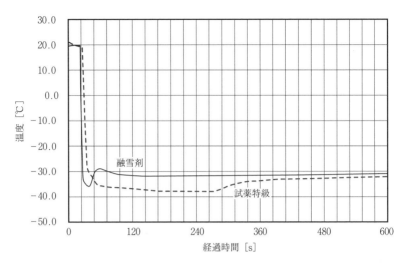

図46　氷100gと試薬特級及び融雪剤の $MgCl_2・6H_2O$（0℃）をそれぞれ85g混ぜ合わせた場合の温度変化

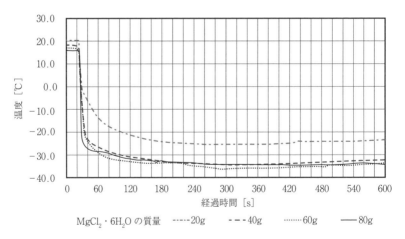

図47　氷100gに融雪剤（粒状）の $MgCl_2・6H_2O$（0℃）を20g, 40g, 60g, 80gと変えてそれぞれ混ぜ合わせた場合の温度変化

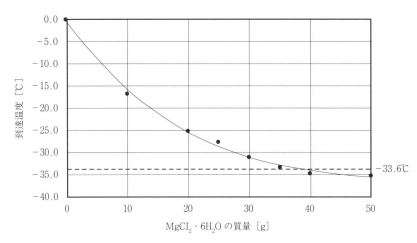

図48 氷100gに加える融雪剤（粒状）の $MgCl_2・6H_2O$（0℃）の質量を変化させたときの到達温度

40g，60g，80gとそれぞれ変えて混ぜ合わせた場合の温度変化の結果を示したものである。

20gの場合は，最低温度も－25.5℃と比較的高い。しかし，40g，60g，80gの場合は，最低到達温度もそれ以後の温度変化もほとんど差がないことが明らかになった。

図48は，氷（かき氷）100gに加える融雪剤（粒状）の $MgCl_2・6H_2O$（0℃）の質量を変化させたときの到達温度の結果を示したものである。

氷の状態や混ざり具合などにも左右されるが，約35g以上の場合には－33℃に到達することが確認できた。40g以上の場合には，過冷却現象のため，明確な到達温度を示すことができないが，必ずしも $MgCl_2・6H_2O$ を85g加える必要がないことが明らかになった。実際には，反応速度，薬剤や氷の粒度，混ぜ合わせ方などによって寒剤としての性能は変化する。しかし，$MgCl_2・6H_2O$（融雪剤）を使用する場合，50g未満だと均等に混ぜ合わせることが難しいので，実用的には50g以上を混ぜることが適切と思われる。

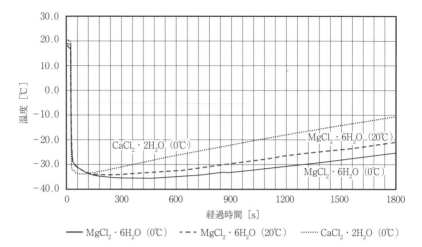

図49 氷100gに $MgCl_2・6H_2O$(融雪剤0℃)85g, $MgCl_2・6H_2O$(融雪剤20℃)85g, $CaCl_2・2H_2O$((融雪剤0℃)96gをそれぞれ加えて混ぜ合わせた場合の温度変化

図49は,氷(かき氷)100gに $MgCl_2・6H_2O$(融雪剤0℃)85g, $MgCl_2・6H_2O$(融雪剤20℃)85g, $CaCl_2・2H_2O$(融雪剤0℃)96gをそれぞれ加えて混ぜ合わせた場合の温度変化の結果を示したものである。

このときの $MgCl_2・6H_2O$(融雪剤0℃)の到達温度は-35.7℃であり,$MgCl_2・6H_2O$(融雪剤20℃)の到達温度は-34.4℃であり,どちらも過冷却現象が起きている。$CaCl_2・2H_2O$ の場合は,0℃と20℃とでは最低到達温度に差があったが,$MgCl_2・6H_2O$ の場合はそれほど大きな差がなかった。また,水に溶解する場合には発熱反応であるが,前述の $CaCl_2・2H_2O$ に比べると発熱量は比較的小さい。そのため,$MgCl_2・6H_2O$ の方が $CaCl_2・2H_2O$ より温度上昇が緩やかであり,より低温の維持に有利であることが明らかになった。

ただし,$MgCl_2・6H_2O$(融雪剤0℃)と $MgCl_2・6H_2O$(融雪剤20℃)の到達温度の差が小さいのは85gの場合であり,50gの場合では若干の違いが見ら

れた。$MgCl_2 \cdot 6H_2O$（融雪剤 0℃）50g の場合，到達温度は−34.4℃と−33.6℃以下となり，過冷却現象が起きた。しかし，$MgCl_2 \cdot 6H_2O$（融雪剤20℃）50g の場合，到達温度は−31.4℃と−33.6℃に達しなかった。そのため，常温の $MgCl_2 \cdot 6H_2O$ で（−33.6℃以下の）十分な低温を得るためには，使用する $MgCl_2 \cdot 6H_2O$ の量を十分に確保する必要があると思われる。

　$MgCl_2 \cdot 6H_2O$ は融雪剤として安価に入手可能であり，粒状のものを購入すれば，そのまま使用でき，取扱いも容易である。そのため，−30℃程度の温度を得るためには，最適の寒剤であると思われる。

（3）C_2H_5OH について

　C_2H_5OH の寒剤としての実用的な利用は，ほとんど行われていない。しかし，表4や図44からも明らかなように，寒剤として利用可能である。ただし，C_2H_5OH を寒剤として利用する場合，次のような課題がある。

　a　C_2H_5OH は100g の氷に対して104g 必要であり，多量に必要である。
　b　液体であるため，氷が溶けて液体になる。
　c　冷却効果を上げるためには，冷蔵庫で C_2H_5OH を低温にすることが必要である。

　C_2H_5OH は，身近であり，取扱いも容易である。特に高価というわけではない。しかし，aの100g の氷に対して104g の C_2H_5OH を必要とするのでは，寒剤として使用するには，コスト面で現実的ではない。次のbの液体になることは，使用方法が制限される可能性があるが，物資を冷やす場合にその冷却過程を見ることができるなど利点と考えることもできる。cについては，常温であっても−25℃程度まで冷やすことが可能であり，実用性はある。図50は，氷（かき氷）100g に C_2H_5OH（20℃と0℃）104g をそれぞれ混ぜ合わせた場合の温度変化の結果を示したものである。

　氷100g に C_2H_5OH 104g を加えて混ぜ合わせたところ，0℃の C_2H_5OH 104g では−31.7℃まで下がった。しかし，20℃の C_2H_5OH では−27.1℃までしか下がらなかった。−30℃以下にする必要がない場合には，20℃の

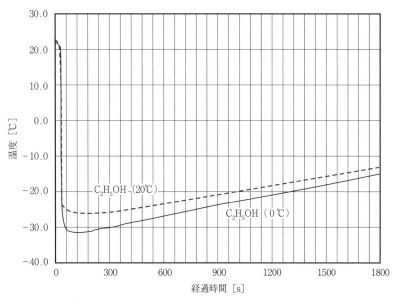

図50 氷100gにC₂H₅OH（20℃と0℃）104gをそれぞれ混ぜ合わせた場合の温度変化

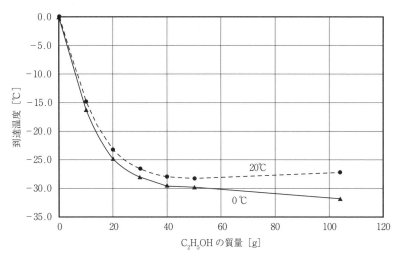

図51 氷100gに加えるC₂H₅OH（20℃と0℃）の質量をそれぞれ変えた場合の到達温度

C_2H_5OH で十分な場合もある。

　aのコストの問題を解決するために，加える C_2H_5OH の質量を変えて実験を行った。図51は，氷（かき氷）100gに加える C_2H_5OH（20℃と0℃）の質量をそれぞれ変えた場合の到達温度の結果を示したものである。

　C_2H_5OH（20℃）の場合，約30g以上を加えると－25℃以下になることが明らかになった。ただし，30g以上になると，すぐに氷が溶け出し，液状になってしまうので利用に工夫が必要となる。一方，C_2H_5OH（0℃）の場合，約20g以上を加えると－25℃以下になることが明らかになった。また，40g以上加えると約－30℃まで低下するので，実用的な利用が可能であると思われる。

（4）KClについて

　KClは，表4によれば，氷：KClを1：1で混合することにより，－30℃に到達するとされている。しかし，簡易装置で氷（かき氷）100gにKCl（0℃）100gを加えて混合したところ，－10.6℃以下には下がらなかった。また，なかなか氷が溶けず，温度は－10.5℃でほぼ一定であった。その後，氷が溶け出しシャーベット状になっても温度変化は一定で，1時間30分以上にわたり一定温度が持続した。

　図52は，KCl（20℃）の質量を変化させた場合の到達温度の結果を示したものである。

　KClでは，薬剤の温度が20℃であっても，氷100gに対して5g以上であれば，－10.5℃に到達することが明らかになった。5gの場合は，－10.5℃に到達するものの約20分で温度がゆるやかに上昇した。しかし，10g以上の場合には，ほぼ氷が溶けるまで1時間以上にわたり，－10.5℃が維持された。

　－25℃以下の温度を実現するという今回の目的からすれば，到達温度は不十分である。しかし，温度が不安定である寒剤の中で，少量の薬剤で，安定して－10.5℃を維持できる特徴は，今後の教材開発などに利用できる可能性がある。

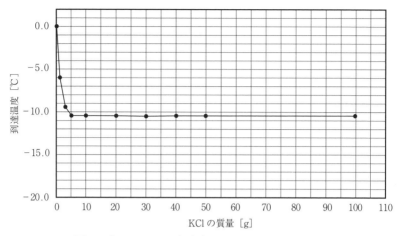

図52　氷100gにKCl (20℃) を加えた場合の到達温度

(5) 氷，NaCl，C_2H_5OH の三種混合寒剤について

NaClはKClと似た特性をもち，図44からも明らかなように，約 $-20℃$ を維持できる寒剤として優れている。特に，安全，安価，入手が容易など特筆すべき利点がある。しかし，到達温度が $-21.2℃$ と比較的高温であること，かき氷や雪と混ぜ合わせると固まり，寒剤としての使用が難しいなどの課題もある[77]。この2点を改善するために，C_2H_5OH を加え，氷，NaCl，C_2H_5OH の三種混合寒剤とした。今回は，実用的な配合として，氷とNaClと C_2H_5OH の比を100：30：20の割合とした[78]。図53は，NaCl (20℃) 30gと C_2H_5OH (20℃) 20gと氷 (0℃) 100gの三種，NaCl (20℃) 30gと氷 (0℃) 100g，C_2H_5OH (20℃) 20gと氷 (0℃) 100gをそれぞれ混ぜ合わせた場合の温度変化の結果を示したものである。

前述のとおり，氷とNaClの場合は，到達温度はあまり低くない ($-21.2℃$) が，ほぼ一定温度を保つことが特徴である。C_2H_5OH (20℃) 20gと氷では，到達温度は $-23.2℃$ で，NaClの場合よりは約2℃下がるが，$-25℃$ には達しない。しかし，三種を混合すると約 $-30℃$ まで下がる。ただ

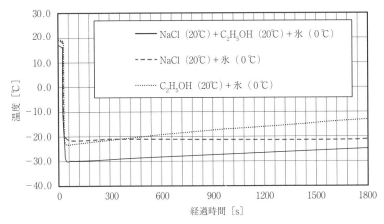

図53　NaClとC$_2$H$_5$OHと氷の三種，NaClと氷，C$_2$H$_5$OHと氷をそれぞれ混ぜ合わせた場合の温度変化
すべて100gの氷（0℃）に混ぜて温度変化を測定した。NaClは30g，C$_2$H$_5$OHは20gである。

し，その後温度は緩やかに上昇する。このグラフの様子から，C$_2$H$_5$OH＋氷とNaCl＋C$_2$H$_5$OH＋氷の温度変化がどちらも一定の割合で上昇しており，共通性があることに気付く。塩化ナトリウムは氷晶点で温度低下が止まり，その後緩やかに溶解が続くため，ほぼ一定温度が維持されると考えられる。しかし，エタノールでは，一挙に融解が進み，温度低下が急激に生じると考えられる。そして，その後は周囲の温度との関係で少しずつ上昇する。三種混合による温度低下の後の変化は，エタノールに類似しており，一挙に－29.8℃までなぜ低下するのかが問題となる。

通常，三種混合による温度低下の説明は，困難である場合が多い。ここでは，C$_2$H$_5$OHとNaClの関係に着目して考察する。NaClは固体であり，C$_2$H$_5$OHは液体であるため，通常は何らかの反応（溶解など）があると考えられる。しかし，NaClのC$_2$H$_5$OHに対する溶解度は0.0649（25℃，g/100g C$_2$H$_5$OH）であり，ほとんど溶けない[79]。つまり，互いに相互作用することがほとんどないと考えられる。そこで，三種混合を次のように段階に分けて考

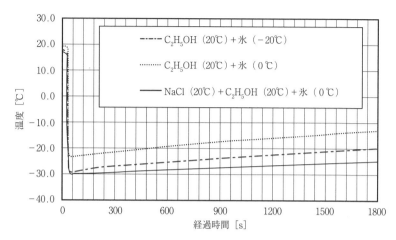

図54 C₂H₅OH (20℃) と氷 (−20℃), C₂H₅OH (20℃) と氷 (0℃), NaCl (20℃) と C₂H₅OH (20℃) と氷 (0℃) の三種をそれぞれ混ぜ合わせた場合の温度変化
氷は100g, NaClは30g, C_2H_5OH は20gである。

察することにした。まず，第一段階として，NaClと氷が反応することにより，−20℃までNaClと氷の温度が下がる。第二段階として，−20℃に下がった氷にC_2H_5OHが反応し，さらに温度が低下する。

このことを確かめるために，氷100gを−20℃に冷やしておき，C_2H_5OH (20℃) 20gを混ぜ合わせ，温度変化を調べた（図54）。比較のために，図53のC_2H_5OH (20℃) 20gと氷 (0℃) 100g及び三種を混ぜ合わせた結果も示している。

氷 (−20℃) 100gにC_2H_5OH (20℃) 20gを加えて混ぜ合わせたものは，−29.8℃まで一挙に低下し，その後の温度変化は，やや上昇が速いものの，ほぼ三種混合と同様の温度変化を示している。このことから，三種混合では，NaClと氷 (0℃) が反応することにより，約−20℃までNaClと氷の温度が下がり，温度の下がった氷 (約−20℃) とC_2H_5OH (20℃) が反応することでより低温に達すると考えられる。

さらに，このことを確かめるために，C_2H_5OHと特性の似ているCH_3OH

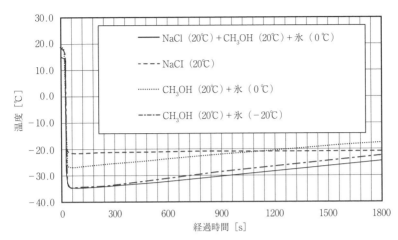

図55 NaClとCH₃OHと氷（0℃）の三種，NaClと氷（0℃），CH₃OHと氷（0℃），CH₃OHと氷（-20℃）をそれぞれ混合した場合の温度変化
氷は100g，NaClは30g，CH₃OHは20gである。

を用いて同様の実験を行った[80]。図55は，NaCl（20℃）30gとCH₃OH（20℃）20gと氷（0℃）100gの三種混合，NaCl（20℃）30gと氷（0℃）100g，CH₃OH（20℃）20gと氷（0℃）100g，CH₃OH（20℃）20gと氷（-20℃）100gをそれぞれ混合した場合の温度変化の結果を示したものである。

CH₃OH 20gと氷（0℃）の場合，最低到達温度は-26.6℃である。しかし，NaClとの三種混合では，-34.3℃まで低下する。また，氷（-20℃）100gにCH₃OH 20gを加えて混ぜ合わせたものは，-34.4℃まで一挙に低下する。その後の温度変化は三種混合やCH₃OHと氷（0℃）の場合と同様の傾向を示している。

以上のことから，これらの三種混合での温度低下の仕組みは，NaClと氷（0℃）が反応することにより，約-20℃までNaClと氷の温度が下がり，温度の下がった氷（約-20℃）とC₂H₅OHあるいはCH₃OHが反応することでより低温に達すると考えられる。

実用上の寒剤としては，安全性などの観点からC₂H₅OHを用いた三種混

合が考慮の対象となる。NaCl (20℃) と氷 (0℃) の反応に C_2H_5OH (20℃) を少量加えるだけで、約 -30℃ 近くまで冷やすことのできる三種混合は、非常に有効な方法であると思われる。しかも、液体である C_2H_5OH を混ぜることによって氷が固まることを防ぎ、より容易に実験に使用できると考えられる。

V. おわりに

本研究では、$MgCl_2 \cdot 6H_2O$、$CaCl_2 \cdot 6H_2O$、$CaCl_2 \cdot 2H_2O$、KCl、C_2H_5OH、及び NaCl、C_2H_5OH、氷の三種混合などの寒剤としての性質について考察した。その結果、それぞれ特性があり、学校などで寒剤として使用できる可能性が明らかになった。特に、KCl の等温 (-10.5℃) の持続性、融雪剤 ($MgCl_2 \cdot 6H_2O$) を利用した -30℃ 以下の低温の実現、C_2H_5OH と NaCl と氷の三種混合による -25℃ 以下の低温の実現などは、優れた特性であり、安価で安全性が高く、入手や取扱いが容易な実用的な寒剤として利用可能であることが明らかになった。

第4項 簡易霧箱

1 S霧箱開発の過程[81]

開発した簡易霧箱 (S霧箱) は化学的な寒剤の温度でも放射線を明確に見ることができる高性能な霧箱である。その特色はいくつかある。しかし、従来の簡易霧箱と最も異なるのは、熱伝導の小さい発泡スチロールを霧箱本体の容器に使用したことである。そのことにより、放射線の飛跡の見え方が画期的に向上したのである。ここでは、カップ麺などに使用されている発泡ポリスチレンシート (PSP) をなぜ霧箱の本体に使用したのかについての考察を行うこととする。

霧箱については、一般に大きい霧箱ほど放射線の飛跡がよく見えると云われている。例えば、下道・中山・川野 (1970) は、直径50cm、高さ32cm の

円筒状で容積は約60Lの霧箱（蒸気はメチルアルコール70％，蒸留水30％）を用い，上部の温度夏期で約0℃，冬期で－5℃程度，底部はほぼ－80℃，有効領域内の温度は－40℃～－60℃という条件で，「有効領域は始動後，夏期においては約3時間後，冬期では約2時間後に幅数cmのものが得られ，その後は時間の経過と共に領域幅は拡大し最高8cmにまでなった。」[82]と報告している。しかし，大きい霧箱を使用すると，その分冷却の負担が増し，特に化学的寒剤を利用する場合には大きな負担となる。コストなどを考慮すれば，小さい霧箱の方が有利である。ビーカーを利用して霧箱の製作を行ったところ，100gの氷と$MgCl_2 \cdot 6H_2O$では200mL～300mLのビーカーが適切で，500mL以上のビーカーを使用すると冷却不足で放射線の飛跡を見ることができなかった。ただし，化学的寒剤とビーカーを使った霧箱では，200mL～300mLのビーカーを使用した場合でも放射線の飛跡の見え方が十分ではなかった。

100gの氷と$MgCl_2 \cdot 6H_2O$でよく見える霧箱を作成するにはどのようにすればよいか。これが解決すべき課題であった。

霧箱の原理から，放射線の飛跡を見るためには，エタノールの過冷却層を作る必要がある。よい霧箱を作るためには，エタノールの良い過冷却層をいかに作るかが重要である。良い過冷却層を作るためには，温度を下げることとエタノールの蒸気量を増やすことが必要である。化学的寒剤により，十分に温度を下げることができないという条件のもとでは，エタノールの蒸気量を増やすことが唯一の方法であるように思われる。

良い過冷却層を作る
エタノールの蒸気量を増やす　→　良い過冷却層を作る
∴　エタノールの蒸気量を増やす

エタノールの蒸気量は，ほぼ温度で決まるので，上部を高温にして蒸気量を増やすことが考えられる。これを実践したのが，鎌田・窪田（2012）[83]によるもので，上部を湯で温めることで，放射線の観察を可能にしている。そ

の結果，ドライアイスの代わりに-20℃程度の保冷剤を使用する方法で放射線の飛跡が明確に見えることが報告されている[84]。しかし，三浦，菅，俣野（1982）によれば，霧箱の上部の温度については，「通常は20℃前後の天井の温度で使用する」のがよいとされている[85]。

　ここで注意すべきは霧箱の目的である。教材としての霧箱は，放射線の測定など科学的なデータを得ることを目的としているわけではなく，放射線の飛跡を可視化することを目的としている。そのため，霧箱の上部を湯で温める方法は放射線の飛跡を可視化できるという点を重視すると有力な方法であるといえる。

　今回の霧箱の開発は主として，児童，生徒が自ら実験を行うことを想定した。この場合，上部を湯で温める方法は安全性に課題があると考えた。一つの解決策は，湯で温める方法以外（例えば電熱線の使用など）で霧箱の上部を暖めることである。しかし，構造が複雑になるなど，他の要素が入ってくる。児童，生徒が自ら実験を行う教材としては，できるだけ余計な要素を避けたい。そこで，上部は室温という条件で霧箱を開発することを試みた。

　もし，上部を冷やさない，すなわち，エタノールの蒸気量を増やさないとすれば，下部の温度を下げることが必要となる。

良い過冷却層を作る
下部の温度を下げる　→　良い過冷却層を作る
∴　下部の温度を下げる

しかし，前川，渡邊，伊藤（2010）によれば，「液体窒素では底面からの高さ50mm，-60〜-50℃の位置で，ドライアイスでは底面からの高さ5〜15mm，-30〜-15℃の位置で放射線の飛跡が観察された。液体窒素ではまず上部に霧が見え始め，霧箱内の温度上昇と共に霧の位置が下がっていった。霧の発生位置の温度はどの位置でも約-50℃であった。液体窒素では霧箱内の温度を一定に保つことが難しく，また温度が低すぎるため中学生が扱う今回の霧箱用には向かないことが分かった。」[86]と報告されている（図56）。

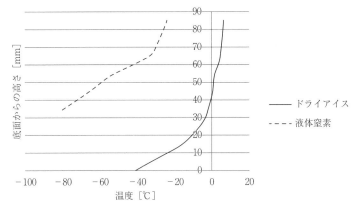

図56　霧箱内部の温度分布（前川・渡邊・伊藤（2010））
左曲線が液体窒素，右曲線がドライアイスを示している。

　また，濱田（2011）によれば，「本研究では，市販の不燃性冷却用液化ガス（テトラフルオロエタンHFC134a）による冷却を試みた。冷却性能は－50℃であったが，容器の底面全体を継続して冷却することが困難であり，放射線飛跡を観察することはできなかった。次に，スターリング冷凍機（ツインバード工業　80W型FPSCモジュール）による冷却を試みた。冷却性能は，0℃～－100℃（周囲温度25℃）であり，冷却温度を自由に設定することができる。冷却温度を－30℃に設定したところ，箱内に過飽和状態の領域が生成され，放射線の飛跡を観察することができた。」[87]とあり，詳細はわからないものの内部の冷却温度を約－30℃にする必要が指摘されている。これらの研究から，必ずしも低温が絶対の条件ではないのではないかと考えた。

　このことは，寄林（2010）の実験結果からも推定することができる。「霧が見えたのが5～10mmの領域であったことと，温度測定の結果から20℃前後の室内で観測を行うとき，霧の筋が生じる領域は温度が－15℃以下になった領域である。」ことから，「容器下部が冷えるように容器下部にアルミテープを巻きつけ，－15℃以下の領域を増やすことを考えた霧箱」を製作し，

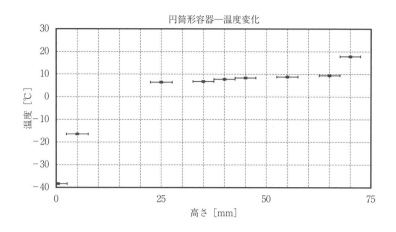

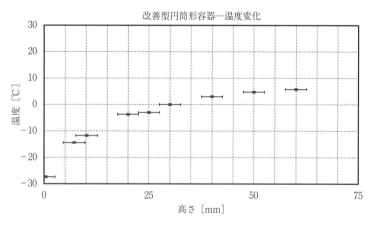

図57 容器下部が冷えるように容器下部にアルミテープを巻きつけた時の温度変化
（寄林（2010）p. 36. p. 40から引用）

「さらに周りからの熱の流入を防ぐためにドライアイスの上にアルミの板を載せ，その上に霧箱を設置した。」ところ，「霧の筋は観測できなかった。」ということであった[88]。実験条件にもよるが，温度以外の要素が関係していることが考えられる。アルミテープを巻き付けない（円筒形容器）と容器下

部が冷えるように容器下部にアルミテープを巻きつけた時（改善型円筒形容器）との温度変化を示したのが図57である。

　アルミテープを巻き付けた改善型では，上部全体の温度が低下し，温度勾配が小さくなっている。そのため，－15℃以下の領域が増加している。低温度の領域が増加しているにもかかわらず，放射線の飛跡を確認できなかった原因をこの結果だけから考察することは難しいが，温度勾配や上部の温度が低下していることと関係している可能性が考えられる。これらの思考の流れは次のようにまとめることができる。

```
下部の温度を下げる　→　良い過冷却層
良い過冷却層　→　放射線の飛跡を確認できる
∴　下部の温度を下げる　→　放射線の飛跡を確認できる
```

しかし，下部の温度を下げても放射線の飛跡を確認できない場合があることから，良い過冷却層を作ることができなかったことが考えられる。

```
良い過冷却層　→　放射線の飛跡を確認できる
放射線の飛跡を確認できなかった
∴　良い過冷却層を作ることができなかった
```

それでは，放射線の飛跡を確認できる良い過冷却層を作るためには何が必要なのであろうか。ある程度の低い温度が必要であることは明らかである。しかし，良い過冷却層を作ることができなかったことから，下部を低い温度にする以外に必要な条件があることが考えられる。

```
良い過冷却層を作る
A　→　良い過冷却層を作る
∴　A
```

ここで，Aを求める。Aには，例えば，空気の湿度とか周りの気温など関係する様々なものが考えられる。ただし，これまでの実験結果から，空気の湿度とか周りの気温などの影響は少ないことが明らかなので，他の原因を考察する必要がある。

ここで，過冷却状態の中で霧ができることは，例えば，空気中で雪ができる現象に似ているのではないかと考えた（どちらも相変化）。例えば，平松(1997)[89]の過冷却された空気の中で氷の結晶をつくる実験によれば，温度勾配が大きい所にできやすいことが記されている。このことから，次のように考えることができる。

良い（霧ができやすい）過冷却層を作る
温度勾配の大きい過冷却層を作る　→　良い（霧ができやすい）過冷却層を作る
∴　温度勾配の大きい過冷却層を作る

ここで，ホリオーク・サガードによる模式化[90]にあてはめると次のようになる。

① 良い（霧ができやすい）過冷却層を作るにはどのようにすればよいのか？（ターゲット）
② 過冷却の状態の中で相変化をするという点で，氷の結晶ができることは霧ができることに似ている。（ベース）
③ 氷の結晶は温度勾配の大きい所でできやすい。（ベース）
④ だから，温度勾配の大きい過冷却層を作ることで，良い（霧ができやすい）過冷却層を作ることができるかもしれない。（ターゲット）

ただ，霧ができやすいことと放射線の飛跡が見えやすいことは，必ずしも一致しない。霧があまりに多くできる場合には，放射線の飛跡が見えにくくなる。実際に観察すると霧が多くできている間は放射線の飛跡はほとんど見えず，霧が減少してくると放射線の飛跡が見え始める。ただ，放射線の飛跡が見えている間でも霧の生成と消滅が霧箱のあちこちで絶えず見られる。一方，何らかの原因で，霧が全く見えなくなってしまった時には，放射線の飛跡もほとんど見えなくなる。そのため，霧ができることは，十分条件ではないが必要条件であると考えられる。

さて，設定した仮説をもとに，それまでの観察結果と照らし合わせてみると，次のような事実が想起された。それは，放射線の飛跡をよく観察できる

状態の霧箱が時間とともに見え方が悪くなる現象である。しかし，冷却をしばらく中止した後に再び冷却すると，放射線の飛跡が再び見えることがあった。

(放射線の飛跡を観察できる状態の霧箱が) 時間とともに見え方が悪くなる
時間とともに温度勾配が小さくなる　→　時間とともに見え方が悪くなる
∴　時間とともに温度勾配が小さくなる

(冷却をしばらく中止した後に再び冷却すると) 再び放射線の飛跡が見える
温度勾配が大きくなる　→　再び放射線の飛跡が見える
∴　温度勾配が大きくなる

化学的な寒剤を使用する場合，時間とともに冷却能力は低下し，寒剤の温度も上昇する場合が多い。また，上部の温度も時間とともに下降する。その結果，上部と下部の温度差が縮まり，温度勾配が小さくなる。一方，冷却をしばらく中止すると上部の温度が室温に戻るため，若干，温度勾配が大きい状態に戻り，放射線の飛跡が再び見えると考えることができる[91]。

そこで，簡易な霧箱を製作し，放射線の飛跡の見え方と温度勾配の関係について調べた。

方法　スチロール容器を加工した霧箱（90mm×90mm×77mm 厚さ2mmのスチロール樹脂ケース＋1.0mmアルミ板）に熱電対4本を（側面に）取り付けた（図58）。熱電対の高さは，アルミニウム板から，0 mm, 11mm, 23mm, 33 mm (±1mm) である。熱電対はT型熱電対を使用し，必要により，標準水銀温度計で補正した（測定機器は熱電対温度ロガー (4ch) testo176-T4及びT熱電対フレキシブル温度プローブ testo0628.0023で5秒ごとに測定．校正は棒状標準温度計 −50〜0℃ 安藤計器製工所　製品No 1-06-0W　No 0　−50〜0℃　JCSS校正証明書付で行った）。なお，線源は閃ウラン鉱石を使用した。また，寒剤は次のように融雪剤（$MgCl_2 \cdot 6H_2O$）を使用した。

　a　氷を電動かき氷器で細かくする。
　b　細かくした氷100gを断熱効果のある容器（発泡スチロールの器）に入れ，

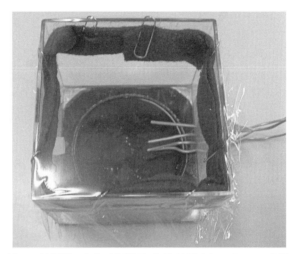

図58 熱電対4本を（右側面に）取り付けたスチロール霧箱
底面を丸く切り取り，黒く塗ったアルミニウム板（厚さ1mm）をはり付けている。エタノール（30mL）は，上部のフェルトに染み込ませ，食品包装用ラップフィルムでふたをしている。

その上に融雪剤（$MgCl_2 \cdot 6H_2O$）を入れた後，プラスチックのスプーンで素早く混ぜ合わせる。

c 食品包装用フィルムで表面を覆う。

なお，融雪剤は冷蔵庫で0℃に冷却したものを使用し，測定は室温で行った。

結果 温度変化については図59aに，温度勾配については図59bにそれぞれ示した。ただし，今回使用した熱電対の対応速度（特に気体に関して）は，時定数などの公式データがなく，特に急激な変化に対しては誤差が大きいと思われる。また，熱電対を入れたことによる放射線の飛跡のできかたについての影響も不明である。

傾向としては，底面に近いほど低温で，時間とともに低温となる。ただし，時間とともに寒剤の温度が上昇するため，底辺に近い所では，温度の上昇が見られる。

第Ⅲ章　教材開発とアブダクション　189

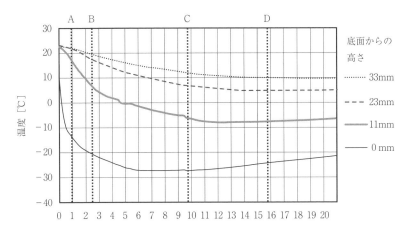

図59a　スチロール霧箱内部の温度変化（室温は22.8℃（±1℃）

熱電対の高さは，底面のアルミニウム板から，0mm，11mm，23mm，33mm（±1mm）である。Aは飛跡が見え始めた時，Bは最もよく飛跡が見えた時，Cは最下部の温度が最も下がった時，Dは最後に飛跡が見えた時を示している。

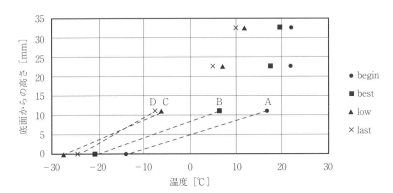

図59b　スチロール霧箱内部の温度勾配（室温は22.8℃（±1℃）

図59aからA～Dの状態の温度勾配を示している。

考察 この霧箱では，実際に放射線の飛跡が観察されるのは，底面から約10mmの高さまでの間である。したがって，底面と11mmの高さの間の温度と温度勾配が重要になると考えられる。最もよく観察できたB点とほとんど観察できなくなったD点を比較した場合，温度そのものはD点の方が低いが，B点の方が温度勾配が大きい。そのため，放射線の飛跡を見るためには，温度だけではなく，温度勾配も考慮しなければならないと思われる。

また，最も低温になり放射線の飛跡もよく観察できるC点とほとんど観察できなくなったD点を比較してみると，底面の温度以外は，大きく変わっていない。このことから，底面から10mmまでの過冷却層の温度勾配が非常に重要であることが窺える。

以上の考察から，放射線の飛跡がよく見える霧箱を作るには温度勾配を大きくすることが重要であることが明らかになった。

開発の目的に対する条件がかなり焦点化されてきたものの，実際に実用的な霧箱を製作するためには，基本的な教材の条件以外に，例えば次のような条件や制限がある。

 a 冷却は融雪剤（$MgCl_2 \cdot 6H_2O$）を寒剤として使用する。
 b 上部は室温である。
 c 霧箱のサイズはあまり大きくできない。
 d 横から光を当てるために，透明な容器を使用する。
 e 霧箱内部の底面はつや消しの黒（濃い色）にする。
 f 上部（蓋）は，透明である。
 g 線源を霧箱内に簡単に入れることができる。

ドライアイスは優れた寒剤であるため，難しい条件もクリアしてしまう。例えば，cの霧箱のサイズについては，ドライアイスがあれば，かなり大きな霧箱も可能である。大きな霧箱であれば，側面からの影響などが少なく，広い範囲を見ることができるので有利である。また，長時間一定の温度での冷却が可能であり，性能上，特に問題となる点はない。しかし，融雪剤

($MgCl_2 \cdot 6H_2O$) を寒剤として使用すると冷却能力に余裕がないために問題が生じる。ここで，まず，

```
温度勾配を大きくする
A → 温度勾配を大きくする
∴ A
```

となるAについて考える。

下部の温度を下げれば良いことは明らかであるが，下げられる温度はほぼ決まっている。そうすると，問題はその下げ方である。例えば，図59aなどから考えられることは，冷やし始めは比較的温度勾配が大きくなることである。このことから，一挙に下部の温度を下げることが考えられる。そうすれば，しばらくの間ではあるが温度勾配を大きくできる。

```
温度勾配を大きくする
一挙に下部の温度を下げる → 温度勾配を大きくする
∴ 一挙に下部の温度を下げる
```

しかし，「一挙に下部の温度を下げる」にはどのようにすればよいのか。冷却は融雪剤（$MgCl_2 \cdot 6H_2O$）を寒剤として使用することが決まっているので，例えば，底部を熱伝導の良いものに変えることが考えられる。

```
一挙に下部の温度を下げる
底部を熱伝導の良いものに変える → 一挙に下部の温度を下げる
∴ 底部を熱伝導の良いものに変える
```

底部の金属を熱伝導の良いものに変えれば，速く冷却することが可能となる。例えば，銅板などを使用することが考えられる。銅，アルミニウム，鉄などを試行錯誤で試してみたところ，同じ条件では，銅（$403 W \cdot m^{-1} \cdot K^{-1}$），アルミニウム（$236 W \cdot m^{-1} \cdot K^{-1}$），鉄（$83.5 W \cdot m^{-1} \cdot K^{-1}$）の順で良好であった[92]。しかし，銅とアルミニウムの差は少なく，価格や購入方法などを考慮した場合，アルミニウムが最適であると判断した。また，底部の熱伝導を良くするためには，金属を薄くすることも考えられる。ただし，あまり薄いと

強度に問題が生じる。幸い,寒剤を使用する場合には,表面が液化するため,かなり薄い金属の使用が可能である。以上の考察と試行錯誤の結果,厚めのアルミニウムホイル (0.020mm) にアルミニウム用のつや消しスプレーで黒く塗ったものが最適であると判断した[93]。

次に,一時的に温度勾配を大きくしても,上部が冷えて,下部の温度が上昇すれば,温度勾配は小さくなり,放射線の飛跡が見えなくなる。大きな温度勾配を維持するためには,霧箱の大型化が望ましい。しかし,融雪剤を寒剤として使用する場合は,大型化は難しい。

```
大きな温度勾配を維持する
A  →  大きな温度勾配を維持する
∴ A
```

アブダクションは場合によっては,背景となる理論の変更を要求することもあり得る。教材開発などではほとんど例がないが,常識が破られることもある。今回の開発では,まさにこの点で変更を要求したのである。

とりあえず,「大きな温度勾配を維持する」ために,様々なガラスやプラスチックを試してみた。

```
大きな温度勾配を維持する
容器にプラスチックのコップを使用する  →  大きな温度勾配を維持する
∴ 容器にプラスチックのコップを使用する
```

しかし,あまり上手くいかなかった。

```
容器にプラスチックのコップを使用する  →  大きな温度勾配を維持する
大きな温度勾配を維持することができない(飛跡があまり長く見えない)
∴ 容器にプラスチックのコップを使用することは適切ではない
```

ここで,試行したのは,ガラスやプラスチックの透明な容器であった。それは,前述の条件dの横から光を当てるために,透明な容器を使用しなければならないという制約のためであった。過去の数ある簡易霧箱のほとんどすべてがこの制約に縛られていた[94]。

次に，熱伝導の小さい発泡スチロールを霧箱本体に使用することで，大きな温度勾配を維持することができるのではないかと考えた。まず，候補として考えたのは，カップ麺などに使用されている発泡ポリスチレンシート（PSP）である。しかし，熱伝導の小さい容器は透明ではないため，dの制約（霧箱の常識といってもよい）を破らなければならない。実際，透明な容器でなければならないという思い込みがこの発想を妨げていた。確かに，横から光を当てれば観察しやすいが，放射線の飛跡が見えればどこから光を当てても良いのである。

大きな温度勾配を維持する
熱伝導の小さな容器を使用する　→　大きな温度勾配を維持する
∴　熱伝導の小さな容器を使用する

熱伝導の小さな容器を使用する
熱伝導の小さな容器を使用する　→　容器にPSPを使用する
∴　容器にPSPを使用する

容器にPSPを使用する→大きな温度勾配を維持する（飛跡が見え続ける）
大きな温度勾配を維持することができた（飛跡が見え続けた）
∴　容器にPSPを使用することが適切である

　発泡ポリスチレンシート（PSP）などの熱伝導の小さな容器の効果は大きく[95]，融雪剤（$MgCl_2・6H_2O$）を寒剤として使用する場合だけではなく，融雪剤（$CaCl_2・2H_2O$）や前述のNaCl（20℃）30gとCH_3OH（20℃）20gと氷（0℃）100gの三種混合など－25℃程度の温度でも，明瞭に放射線の飛跡を観察できることが明らかになった。
　以上のように，アブダクションをはじめとする推論を教材開発に適用することで，常識と考えられていたことを変えることができたと考える。

2 融雪剤を用いた簡易霧箱の開発[96]

Ⅰ．はじめに

ドライアイスを利用した霧箱は，すぐれた教材として普及している。しかし，ドライアイスは保存が難しく，入手が難しい地域があるという問題点がある。ドライアイスの代わりに，塩化カルシウム6水和物（$CaCl_2 \cdot 6H_2O$）を寒剤として利用する方法が柚木・津田（2012）[97]により報告されている。そこでは，$CaCl_2 \cdot 6H_2O$は高価であるため，安価な融雪剤（$CaCl_2 \cdot 2H_2O$）から精製する方法が採用されている。しかし，この精製は簡単にできるものの，時間と労力が必要であり，また，精製した$CaCl_2 \cdot 6H_2O$は高温，高湿度での取扱いが難しいという問題点がある。

ドライアイスの代わりに−20℃程度の保冷剤を使用する方法が，鎌田・窪田（2012）[98]により報告されている。そこでは，上部を湯で温めることで，放射線の観察を可能にしている。しかし，児童，生徒が自ら実験を行う場合，安全性に課題があると思われる。

本論では，市販されている融雪剤（$MgCl_2 \cdot 6H_2O$）をそのまま氷と混ぜて寒剤として利用できる簡易霧箱（発泡スチロール製の霧箱のため以下Ｓ霧箱と表記する）を開発した。その結果，ドライアイスを必要とせず安全に放射線の飛跡を観察することができた。

Ⅱ．寒剤について

文献によれば，$CaCl_2 \cdot 6H_2O$と氷を58.8：41.2で混ぜた場合，−54.9℃まで下がる[99]。しかし，−50℃程度まで下げるためには，① $CaCl_2 \cdot 6H_2O$は冷蔵庫で0℃近くまで冷やしておくことと② $CaCl_2 \cdot 6H_2O$と氷は粉状にしておくことが必要である。特に，問題となるのは，$CaCl_2 \cdot 6H_2O$を粉状にすることである。高温多湿の環境では，すぐに溶け出してしまうため，低温で乾燥した冬などに精製した結晶を大量に粉にしておく必要がある。さらに，融点が約30℃と低いため，冷蔵庫での保管が必要である。以上のことから，

表6　A社製　融雪剤（MgCl$_2$・6H$_2$O）

検査項目	検査結果（％）
MgCl$_2$・6H$_2$O	99.4
硫酸塩（SO$_4$）	0.05
カルシウム（Ca）	0.7
カリウム（K）	0.18
ナトリウム（Na）	0.14
鉄（Fe）	0.001

優れた寒剤ではあるものの学校などで大量に使用することは難しいと判断した。

そこで，融雪剤（MgCl$_2$・6H$_2$O）に着目した。表6は，市販されている融雪剤のA社による成分分析の結果である。

形状は2-6mmの白い粒状である。純度が高いため，寒剤としての効果は，試薬のMgCl$_2$・6H$_2$Oと同等と考えてよいと思われる。MgCl$_2$・6H$_2$Oの溶解熱は，$\Delta H = -12.31$［kJ・mol^{-1}]（18℃，400molの水に溶解する場合）で，水に溶けると発熱反応となる[100]。そのため，寒剤としては，ほとんど注目されてこなかった。しかし，web上の「寒剤」にある主な寒剤と到達温度の表には，塩化マグネシウムと氷の質量比を3：10にすることで到達可能温度が－33℃になるという記述がある[101]。融雪剤（MgCl$_2$・6H$_2$O）83gと氷100gとを混ぜ合わせたところ，－33℃以下まで下がることが明らかになった。

なお，八重樫（2000）[102]により，融雪剤（CaCl$_2$・2H$_2$O）を雪と混ぜることにより－30℃以下まで下がることが報告されている。1-3mmの粒状の融雪剤（CaCl$_2$・2H$_2$O）96gと氷100gとを混ぜ合わせたところ，最低温度は－30.5℃（±1℃）を記録した。ただし，CaCl$_2$・2H$_2$Oの溶解熱は，$\Delta H = -41.9$［kJ・mol^{-1}]（18℃，400molの水に溶解する場合）で，MgCl$_2$・6H$_2$Oに比べると発熱が大きくなる。最低温度も少し高いため，同条件で－25℃まで上昇する時間を比べてみると2～3倍早く到達する。このことから，寒剤

として使用する融雪剤は，塩化カルシウムより塩化マグネシウムの方がより適していると考えられる。

Ⅲ．S霧箱の製作
（1）本体の製作
今回製作したS霧箱について以下に示す。製作する場合，サイズなどは厳密ではなく，許容範囲も大きい。

a 発泡スチロール製容器（カップラーメンの容器　口径143mm　底面径105mm　高さ70mm）の底の中央部にϕ80mmの穴を開ける。

b 線源を入れるためのϕ10mmの穴を底部から15mmの高さの所に開ける。（今回は原子力エンジニアリング株式会社のキットに付属していたゴム栓０号に接続された閃ウラン鉱石を利用した。）

c 片面を黒く塗ったϕ90mm，厚さ0.05mmの薄いアルミニウム板を底部の穴を密閉するように外側から透明粘着テープなどではり付ける。このとき，霧箱内部に黒く塗った面が向くようにする。

d エタノール蒸発部は，厚さ1.5mmのポリエステル製のフェルト80×400mmを四重に重ねて霧箱の上部内側にはり付ける。なお，エタノールで粘着テープの粘着剤が溶け出すことがあるので，エタノール蒸気に接するところは，粘着面が触れないようにはる（図60）。

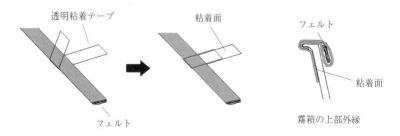

図60　フェルトの固定例

第Ⅲ章　教材開発とアブダクション　　197

図61　製作したS霧箱

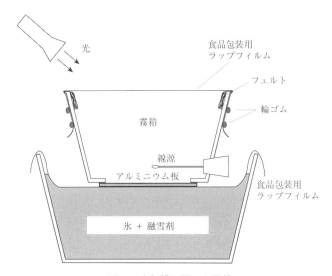

図62　冷却槽に置いた霧箱

e　フェルトにエタノールを十分に含ませた後，食品包装用ラップフィルムで蓋をする。蓋をした後，側面に輪ゴムを巻き，食品包装用ラップフィルムを四方から引っ張ることで表面のシワを取り，更に2本目の輪ゴムで固定する。その後，余分な部分は，はさみで切り取っておく。

このようにすると蓋がないかのように美しく密閉できる（図61）。

(2) 放射線の観察方法

a 冷却槽用容器にかき氷（または雪）100gと融雪剤（$MgCl_2・6H_2O$）83gを入れ，よくかき混ぜる。このとき，融雪剤は混ぜる前に冷蔵庫で冷やしておくと低温をより長く維持できる。

b 食品包装用ラップフィルムを冷却槽に張り，表面を整える。

c 冷却槽の食品包装用ラップフィルムの上に霧箱本体を置き，霧箱の底面のアルミニウム板を冷却する。

d 懐中電灯などの光を斜め上方から当てて放射線の飛跡を観察する（図62）。

Ⅳ. 放射線の観察結果

今回製作したS霧箱では，融雪剤（$MgCl_2・6H_2O$）を使用した場合，明確に放射線を観察することができた。図63は閃ウラン鉱石を使用した主にα線の飛跡の写真である。閃ウラン鉱石は底面から10mmの高さに設置した。温度はT型熱電対で測定し，標準水銀温度計で補正した。放射線の飛跡は，寒剤の上に置いた直後から約15分間見ることができ，約11分間は鮮明に多数の

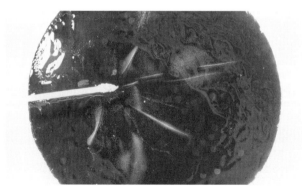

図63 閃ウラン鉱石の放射線の飛跡（融雪剤（$MgCl_2・6H_2O$）を寒剤として使用）
冷却後5m17s，室温21.0℃，寒剤の温度-34.2℃（±1℃）

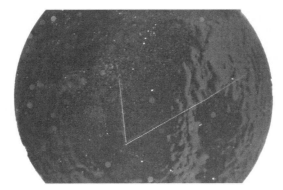

図64a 自然放射線の飛跡（融雪剤（$MgCl_2・6H_2O$）を寒剤として使用）
冷却後3m06s，室温24.2℃，寒剤の温度−34.8℃（±1℃）^{220}Rn起源と思われるα線の飛跡が見られる。

図64b 自然放射線の飛跡（融雪剤（$MgCl_2・6H_2O$）を寒剤として使用）
冷却後8m16s，室温24.2℃，寒剤の温度−33.0℃（±1℃）左下から右上に向けて細く長いμ粒子と思われる飛跡が，また，左から1/5の中ほどに「へ」を30°右に回転させたようなβ線と思われる飛跡が見られる。

飛跡を観察することができた。なお，静電気によるクリーニングなどは行わずに観察した。

図64a，図64bは線源を入れずに撮影した自然放射線の飛跡の写真である。自然放射線は，細く，淡い飛跡が多い。冷却後，約30秒後から17分間，多数

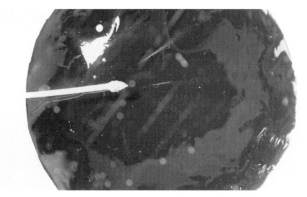

図65 閃ウラン鉱石の放射線の飛跡（NaCl 29gを氷100gに混ぜて寒剤として使用）
冷却後3m27s，室温21.5℃，寒剤の温度-20.4℃（±1℃）

の様々な飛跡を観察することができた。

　他の寒剤では，1-3mmの粒状の融雪剤（$CaCl_2 \cdot 2H_2O$）や1mm以下の細粒状の塩化ナトリウム（NaCl）を使用しても放射線の飛跡を観察することができた。融雪剤（$CaCl_2 \cdot 2H_2O$）は，融雪剤（$MgCl_2 \cdot 6H_2O$）とほぼ同様な見え方を示し，放射線の飛跡は，冷却後，約10秒後から約13分間見ることができた。しかし，鮮明に観察できたのは約7分間であり，融雪剤（$MgCl_2 \cdot 6H_2O$）に比べると短かった。一方，NaClは融雪剤ほど低温にならない（文献値は-21.2℃）[103]が，α線の飛跡を観察することができた。

　図65はNaClを寒剤として使用した霧箱での放射線の飛跡の写真である。図63のα線の飛跡と比べると数も少なく，霧の濃さも淡い。放射線は，冷却後，約1分後から約5分間見ることができたが，鮮明に観察できたのは約2分間であった。

　以上の結果から，S霧箱は，融雪剤（$MgCl_2 \cdot 6H_2O$）を寒剤として使用することで，放射線の飛跡を明確に観察できることが明らかになった。また，自然放射線などの淡い飛跡も観察できることが明らかになった。

V．S霧箱の特性について

　S霧箱の特性を調べるために，霧箱内部の温度変化を測定した。同時にVTRにより，線源（閃ウラン鉱石）から放射線の飛跡の現れるようすを撮影し比較した。図66は測定に用いたT型熱電対の設置のようすを，図67はその結果を示したものである。

　VTRで放射線の飛跡が最初に確認できたのは，約10秒後のA点であり，最後に確認できたのは18分後のB点である。熱電対の影響は不明である。ただし，冷却後1～13分は，活発に放射線の飛跡が確認できたことから，それほど大きくないと考えられる。寒剤の温度が徐々に上昇するため，時間の経過とともに下部の温度が上昇する。また，上部と下部の温度の差が小さくなる。S霧箱は，熱伝導の小さい発泡スチロールを霧箱本体の容器に使用することにより，容器の熱伝導により本体上部が冷えることを防いでいる。同様に，アルミニウム板を少し小さくすることで本体が冷えることを防いでいる。また，アルミニウム板を薄くすることで，素早く冷却するようにしている。

VI．おわりに

　S霧箱は，本体に発泡スチロールを使用するなどの工夫により，霧ができやすい環境を整えることに成功した。その結果，融雪剤（$MgCl_2・6H_2O$）を用いて明確に放射線の飛跡を観察することができるようになった。融雪剤（$MgCl_2・6H_2O$）は，安価で精製の必要もなく，そのまま使用できる。また，S霧箱は簡単に製作することができ，比較的安全に観察できるため，児童・生徒一人一人に放射線の飛跡を観察させることが可能になる。

図66 温度測定のための熱電対の設置
4個のT型熱電対をそれぞれ底から0 mm, 10mm, 20mm, 30mmの高さ（±1mm）に設置した。

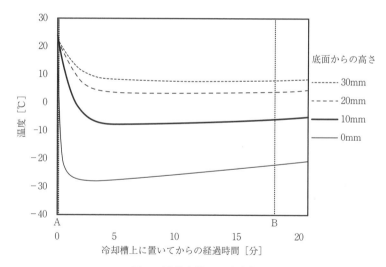

図67 霧箱内部の温度変化
S霧箱を置いたとき, 寒剤の温度は−34.0℃（±1℃), 室温は21.0℃（±1℃）であった。

第Ⅲ章；註及び文献

1）文部科学省：『中学校学習指導要領解説理科編』，大日本図書，p.16，2008．
2）井出耕一郎：日本理科教育学会編『現代理科教育体系』第6巻，東洋館出版社，p.252，1978．
3）ibid., 2), p.253．
4）ただし，すべての教材がそうあらねばならない必要はなく，探究の過程が教材にとっての全てではない。教材は，目的，方法，対象などによって様々なものがあり，適切に取り扱うことによって効果を上げるものである。
5）文部科学省：『個に応じた指導に関する指導資料 －発展的な学習や補充的な学習の推進－（中学校理科編）』，教育出版，p.27，2002．
6）ibid., 2), pp.254-256．
7）以下の文献などを参考に観点を挙げた。
 ・井出耕一郎：日本理科教育学会編『現代理科教育体系』第6巻，東洋館出版社，pp.256-257，1978．
 ・衛蕾，林伸一：良い学習教材とは何か －マップ調査からの検討－，山口大学文学会志，61巻，pp.25-48，2011．
8）なお，教材開発の視点として，次のようなものが挙げられている。
 ○ 子どものつまずきを修正する
 ○ 教師の指導内容・指導方法に合ったもの
 ○ 原理がよくわかるもの
 ○ 丈夫で操作しやすいもの
 ○ 価格の安いもの
 教材開発にあたっては基本として留意する必要がある。（西岡正康：日本理科教育学会編『理科教育講座』第6巻理科教材論（上），東洋館出版社，pp.110-112，1992．）
9）教材開発とは多少異なるが，品質管理（Quality Control）またはQCストーリーと呼ばれる商品及びサービスの品質を向上するための，企業の一連の活動体系がある。その中には，製造段階・開発設計段階・商品企画段階での質向上のための方法論もあり，問題解決における過程が組み込まれている。そのため，教材開発との共通点も見られる。ただし，企業が行う製品開発は，商品としての目標が第一であるのに対して，教材開発では，児童，生徒の学習に役立つことが主要な目的であり，自ずと内容に差異が生じる。また，商品として大量に生産されることやシステム化されることなどの点も個人などで行われる教材開発との間に差異があると思われる。

そのため，参考になることは多々あるものの，そのまま教材の開発に利用することは難しいと思われる。

以下の文献を参照のこと。

・杉浦忠，山田佳明：『QCサークルのためのQCストーリー入門 ―問題解決と報告発表に強くなる』，日科技連出版社，1991．

・杉浦忠，山田佳明：『続QCサークルのためのQCストーリー入門 ―STEPSとサイバー活動のすすめ』，日科技連出版社，1999．

10）この種の偶然に当たる能力は，仮説の発想にもあり，セレンディピティ（serendipity）と呼ばれ，多くの例が知られている。

11）本論は，次の文献を修正したものである。

柚木朋也：水撃ポンプの製作と特性に関する研究，科学教育研究 Vol. 28, No. 2, pp. 94-100, 2004．なお，本研究の一部には，平成11～13年度科学研究費補助金（萌芽的研究課題番号11878043）を用いている。

12）The Centre For Alternative Technology CAT Tipsheet 7: Hydraulic Ram
http://www.cat.org.uk/information/tipsheets/hydram.html

13）鏡研一，井出努，牛山泉：『水撃ポンプ製作ガイドブック』，パワー社，p. 4, 1999．

14）ある種の水撃ポンプは，入力管の角度が水平角に対して約7°が最適である（鏡研一，井出努，牛山泉：『水撃ポンプ製作ガイドブック』，パワー社，p. 41）という。しかし，水撃ポンプの構造や条件によっては，あまり影響がないように思われる。

15）実際には，諸条件のため，必ずしも（5）式どおりにはならない。なお，水撃現象の詳細については，Navier-Stokesの方程式（運動方程式）と連続の方程式（質量保存則）から得られる式（連立の非線形の偏微分方程式で一般に水撃方程式と呼ばれる）について解く必要があり，いくつかの解析法が研究されている。

例えば，横山重吉：『水撃入門』，日新出版，pp. 143-151, 1979を参照のこと

16）鏡研一，井出努，牛山泉：『水撃ポンプ製作ガイドブック』，パワー社，1999．

17）この装置については，長野県で行われた全国理科教育センター研究協議会並びに研究発表大会物理部会（第37回，1999）において，好評を博した。

18）本論は，次の文献から引用し，加筆，修正したものである。

柚木朋也：探究の過程を重視した教材 ―水撃ポンプの特性を利用して―，科学教育研究 Vol. 29, No. 3, pp. 232-239, 2005．

19）柚木朋也：水撃ポンプの製作と特性に関する研究，科学教育研究 Vol. 28, No. 2,

p. 99, 2004.
20) ibid., 19), pp. 97-98.
21) ibid., 19), p. 98.
22) ここに,感想の一部を次に挙げる。「水撃ポンプという初めて見る装置を前に,なんで水が上に流れるんだろう,どうして弁が閉じたり開いたりするんだろうとたくさんの疑問を感じました。でも,分かりやすい図と説明で,水と二つの弁が上手く作用していることがわかり,感動しました。」「一番興味をそそられたのは,水撃ポンプです。本来なら,水は低い所から高い所へ流れるはずはないのに,排水弁を作ることによって水を上に押し上げることができるということに興味を持ちました。」「私は物理に対して苦手意識を持っていたし,難しいので3年では選択していません。そして,今回も「きっと難しくて分からないんだろうなぁ」と思っていたのですが,その考えは反転しました。……今回だけは,「物理って楽しいなぁ」と思いました。それに学校では分からないことがあると,その時点ですぐ嫌になったけれど,今日は,何とかして,その疑問がとけないかなぁと思う1時間半でした。」
23) 学習者がこのように考えてしまうと,燃料電池の理解は難しくなる。ただし,塩化銅の電気分解を行う実験中,電流を流すのを止めた後,電流計の針が動いていることに気付く中学生がまれにいる。この現象は,燃料電池だけでは説明できない(燃料電池の理論値よりも大きな電圧が発生する)が,燃料電池の原理が関係していることは事実である。こうした気付きを理科の授業では大切にする必要があると思われる。
24) 本論は,次の文献から引用し,加筆,修正したものである。
   柚木朋也:エネルギー変換に関する教材の研究 ―フロッピーディスクケースを利用した燃料電池―,科学教育研究 Vol. 26, No. 4, pp. 257-263, 2002.
   なお,この燃料電池は,平成10年度大阪科学技術センター教材制作研究会(主査 小出力大阪教育大学名誉教授)において開発した「燃料電池」(大阪府内の中学校65校に配布)をもとに発展させたものである。
25) 利安義男,塩徹:燃料電池の教材化,化学と教育 Vol. 32, No. 4, p. 362, 1984.
26) 塚越博,中道淳一:酸素と水素から電気を取り出す ―酸素・水素燃料電池―,化学と教育 Vol. 35, No. 2, pp. 150-151, 1987.
27) 今井泉:身近な材料でつくるアルカリ電解質型水素・酸素燃料電池,化学と教育 Vol. 41, No. 3, pp. 204-205, 1993.
28) 谷川直也:自作の白金箔電極を用いた水素・酸素燃料電池,化学と教育 Vol. 47, No. 12, pp. 844-845, 1999.

29) 準備物は，インターネット，日曜大工店，教材販売店などで入手できる。白金はくは，厚さ$0.1\mu m$，大きさ109mm×109mm，10枚で3000～4500円である。
30) FDCの電解液に1mol/Lの硫酸を使用したところ，電圧は0.2Vで，電子オルゴールを鳴らすことができなかった。硫酸の場合には，次の反応が起こる。

   正　極：$1/2O_2 + 2H^+ + 2e^-$　→　H_2O
   負　極：H_2　→　$2H^+ + 2e^-$
   全反応：$H_2 + 1/2O_2$　→　H_2O

   酸性電解液中では，酸素からの過酸化イオンの影響で反応が進行しにくいといわれている。
31) ファラデー効率ε_fは次式で定義される。

   $$\varepsilon_f = \frac{Q}{Q_m}$$

   Q　：実際の電気量（電流×時間）
   Q_m：反応物質の消費に対応する理想的電気量
32) 本論は，次の文献から引用し，加筆，修正したものである。
   柚木朋也：教材開発におけるアブダクションに関する一考察　―寒剤を利用した拡散霧箱の開発―，日本科学教育学会研究会研究報告 Vol.27, No.2, pp.11-16, 2012.
33) 柚木朋也，津田将史：塩化カルシウムを寒剤とした拡散霧箱の開発，物理教育 Vol.60, No.3, 日本物理教育学会，pp.184-187, 2012.
34) ibid., 33), p.185.
35) 「ドライアイスでは底面からの高さ5～15mm，-30～-15℃の位置で放射線の飛跡が観察された」[*1]とある。この温度は霧箱内の温度であるため，寒剤の温度はさらに下げる必要がある。本装置では，寒剤の温度を約-40℃まで下げなければ，放射線の飛跡を見ることができなかった。しかし，一度飛跡が見えれば，その後-30℃近くまで安定して飛跡を見ることができた[*2]。

   *1) 前川路子，渡邊浩，伊藤達夫：放射線教育のために霧箱を作製させて（2009年夏休み自由研究お助け隊「霧箱を作って放射線をみてみよう」を通して），筑波大学技術報告，30, pp.23-27, 2010.
   *2) ibid., 33), p.186.
36) http://ja.wikipedia.org/wiki/寒剤：Wikipedia, 寒剤, 2012.
37) 長倉三郎，井口洋夫，江沢洋，岩村秀，佐藤文隆，久保亮五：『理化学辞典』第5版，岩波書店，p.284, 1998.

38) $CaCl_2 \cdot 2H_2O$ を寒剤として利用する方法も考えた。しかし、$CaCl_2 \cdot 2H_2O$ では、約 $-30℃$ までしか冷却することができなかった。なお、$CaCl_2 \cdot 2H_2O$ の寒剤としての利用については、次の文献に記述がある。
 ・八重樫義孝：身近な素材を用いた教材の工夫 ―寒剤の性質を使って―，北海道立理科教育センター研究紀要第12号，p.99，2000．
39) この推論は、ホリオーク・サガードによる模式化[1]により、次のように考えることができる（本書 第Ⅰ章第3節第4項1 アブダクションとアナロジー）。
 ① 塩化カルシウム2水和物はどのようにすれば6水和物に変化するのか？（ターゲット）
 ② 水和物をつくるという点で、硫酸銅は塩化カルシウムに似ている。（ベース）
 ③ 硫酸銅は水分を与えると5水和物に変化する。（ベース）
 ④ だから、水分を与えると塩化カルシウム2水和物は6水和物に変化するかもしれない。（ターゲット）」
 [1] キース・J・ホリオーク，ポール・サガード：鈴木宏明，河原哲雄監訳，『アナロジーの力』，pp.324-325，新曜社，1998．
40) 八重樫義孝：身近な素材を用いた教材の工夫 ―寒剤の性質を使って―，北海道立理科教育センター研究紀要第12号，pp.98-101，2000．
41) 室温20℃の部屋で氷100gに0℃の飽和塩化カルシウム水溶液194gを加えると、$-25℃$ まで下がり、氷を追加したところ、$-28℃$ まで下がった。しかし、水溶液では十分に冷却できないことが明らかになった。
42) NaCl，$CaCl_2 \cdot 6H_2O$ と氷との混合比率は、それぞれ次のようになる。
 NaCl ：H_2O = 22.4：77.6
 $CaCl_2 \cdot 6H_2O$：H_2O = 58.8：41.2
 NaClの質量が氷の約0.3倍しか必要ないのに対して、$CaCl_2 \cdot 6H_2O$ の質量は氷の約1.4倍必要である。そのため、NaClの場合は全体への温度の影響は少ないが、$CaCl_2 \cdot 6H_2O$ の場合、その影響は大きいと考えられる。
43) 本論は、次の文献から引用し、加筆、修正したものである。
 ・柚木朋也：「寒剤」に関する一考察，北海道教育大学紀要第66巻第1号，pp.149-160，2015．
 ・柚木朋也，尾関俊浩，田口哲：融雪剤を用いた簡易霧箱の開発，物理教育Vol.63，No.1，日本物理教育学会，pp.35-38，2015．
44) 柚木朋也，尾関俊浩，田口哲：融雪剤を用いた簡易霧箱の開発，物理教育Vol.63，No.1，日本物理教育学会，p.35，2015．

45) 柚木朋也:「寒剤」に関する一考察, 北海道教育大学紀要第66巻第1号, pp. 149-160, 2015.
46) ibid., 44), p. 35.
47) ibid., 45), p. 150.
48) 三種以上の寒剤については, 文献にも多くは記載されていない。また, 記載されている三種の寒剤についても混ぜる効果はそれほど大きくない。例えば, 氷 (66.0%), NaCl (13.5%), $NaNO_3$ (20.5%) で -25.2℃, 氷 (76.8%), NaCl (23.0%), Na_2SO_4 (0.2%) で -21.4℃ などである。(『化学大辞典2』, 共立出版, p. 628, 1960.)
49) ibid., 45), p. 157.
50) ibid., 45), p. 158.
51) 本論は, 次の文献を修正したものである。
　柚木朋也:「寒剤」に関する一考察, 北海道教育大学紀要第66巻第1号, pp. 149-160, 2015. なお, 本研究の一部はJSPS科研費26381248の助成を受けたものである。
52) 芝亀吉: 寒剤, 応用物理 4 (9), pp. 357-362, 1935.
　なお, 多くの事典などに, 簡潔な記述がなされている。
53) 西村チャーリー: 寒剤でひんやり実験 ―授業に役立つサイエンスマジック・寒剤―, 理科の教育60(8), p. 568, 2011.
54) 中村茂: 湿気取りの寒剤への利用, 理科の教育58(4), p. 282, 2009.
55) その他の文献には, 例えば次のようなものがある。
　・星野英興: 話題源―食塩を用いた理科実験, 弘前大学教育学部研究紀要クロスロード(12), pp. 91-104, 2008.
　・宮本正彦: おもしろい化学実験 ―やってみよう身近な化学実験, (化学実験の手引)―, 化学教育31(6), pp. 489-490, 1983.
56) 文部科学省:「小学校学習指導要領解説理科編」, p. 35, 2008.
57) 長倉三郎, 井口洋夫, 江沢洋, 岩村秀, 佐藤文隆, 久保亮五:『理化学辞典』第5版, 岩波書店, p. 284, 1998.
58) ibid., 52), p. 359.
　なお, 次の文献は氷と硫酸の関係について論じている。
　　木村優:「氷＋硫酸」は冷える ―寒剤の物理化学, 化学と教育 Vol. 46, No. 3, pp. 184-185, 1998.
59) 日本化学会:『化学便覧　基礎編』, p. 788, 1966.

60) ibid., 57), p. 284.
61) ibid., 59), p. 788.
62) 八重樫義孝：身近な素材を用いた教材の工夫 —寒剤の性質を使って—，北海道立理科教育センター研究紀要第12号，pp. 98-101，2000.
63) 次の文献から実用的と考えられるものを中心に引用した。ただし，重複やデータの違いについては，基本的には新しいものを採用した。また，酸やアルカリあるいは水に溶ける場合に発熱反応を起こす薬品については，webなどのデータからも引用した。
 ・『理化学辞典』，第5版，岩波書店 p. 284，1998.
 ・『日本大百科全書6』，小学館，p. 166，1985.
 ・『化学大辞典2』，共立出版，p. 628，1960.
 ・『化学実験ハンドブック』，技報堂，p. 542，1956.
 ・Wikipedia 寒剤，(http://ja.wikipedia.org/wiki/%E5%AF%92%E5%89%A4)，2015/2/21
64) ibid., 52), p. 359.
65) Ketcham, S. A., Minsk, L. D., Blackburn, R. R., Fleege, E. J. : MANUAL OF PRACTICE FOR AN EFFECTIVE ANTI-ICING PROGRAM - A Guide For Highway Winter Maintenance Personnel - , US Army Cold Regions Research and Engineering Laboratory 72 Lyme Road, 1996.
 Figure 17. Phase diagrams of five chemical solutions. を改変し，3物質を表示した。
 (http://www.fhwa.dot.gov/reports/mopeap/mop0296a.htm) 2015/2/21
66) 柚木朋也：身近な素材を用いた結晶に関する教材の開発 —凍結防止剤用塩化カルシウムを利用して—，科学教育研究 Vol. 36, No. 4, pp. 332-339, 2012.
67) 例えば，低温を正確に測ることは難しい。温度計の精度はもちろん，熱の移動や温度の測定方法についても注意しなければならない。また，寒剤の場合は，かき混ぜても均一にならないこともあり，温度計が薬剤の濃い部分と接したりすると局所的に温度が変わることも多い。特に，かき混ぜる氷の状態が様々であり，その状態やかき混ぜ方にも影響されるため，同一条件で調べることが難しい。
68) 氷の温度は，製氷する冷凍庫によって差があり，かき氷作成中にも差ができる。そのため，恒温器で一定温度になるようにした。蓋をしたのは，恒温器内の空気の循環による影響を遮るためであり，恒温器の温度を$-2.0℃$に設定した理由は，今回使用した恒温器の温度保証範囲が$±1.0℃$であるため，再凍結などの影響を少な

くするためである。ただし，取り出した氷は必ずも－2.0℃にはなっていない。また，内部の氷は0℃に近づくのにかなりの時間が必要であり（今回の簡易装置では，20℃の室温で，－2.0℃から－1.0℃になるのに約5分必要とした），その間に表面の氷は溶け，水滴に変化してしまった。そのため，できる限り0℃に近づけるためと温度を均一にするために，すばやく約1分間かき混ぜることにした（20℃の室温では，30秒から1分で－2.0℃から－1.0℃以上になる）。この操作によって，－1.0℃～0℃のほぼ均一の温度の氷を得ることが可能となった。

69) 厳密には，断熱のため蓋をすることが望ましい。しかし，空気の熱伝導率はかなり小さい（0.0241W/m・K）[a]ので，空気の大きな流れがない場合は，ほとんど問題にならない。食品包装用ラップフィルム（ポリ塩化ビニリデン0.13W/m・K）[b]で蓋をした場合との比較では，ほとんど差は認められなかった。

 a) 国立天文台：理科年表, 丸善, p. 418, 2011.
 b) ポリ塩化ビニリデン（PVDC）の物性と用途，特性について
  （ttp://www.toishi.info/sozai/plastic/pvdc.html）2015/03/30.

70) ibid., 59), pp. 787-791.
71) ibid., 57), p. 161.
72) ibid., 66), pp. 332-339.
73) ibid., 62), pp. 98-101.
74) ibid., 66), p. 333.
75) ibid., 57), p. 169.
76) 柚木朋也，尾関俊浩，田口哲：融雪剤を用いた簡易霧箱の開発，物理教育 Vol. 63, No. 1, 日本物理教育学会, pp. 35-38, 2015.
77) 氷と食塩では，その間にある空気の断熱性で冷却が進まないことが指摘されている。

 ibid., 54), p. 282.

78) 液体であるC_2H_5OHを適度に加えることによって氷が溶け，シャーベット状になる。しかし，加える量が少ないとほとんど変化がなく，加える量が多いと液体状になる。C_2H_5OH（20℃）の質量が20gの場合，NaCl（20℃）の質量が約30gで温度が最低となる。一方，NaCl（20℃）が30gの場合，加えるC_2H_5OH（20℃）の質量は約40gで温度が最低となる。C_2H_5OH（20℃）が20gの場合と40gの場合とでは，40gの方が約2～3℃低くなる。このように，加えるC_2H_5OH（20℃）を変化させることにより，到達温度をさらに下げることが可能である。ただし，今回は，薬剤の費用や寒剤の状態も考慮し，20gが適切であると判断した。

79) 日本化学会：『化学便覧基礎編　改訂3版』，丸善，p.187，1984．
　　ただし，C_2H_5OH 水溶液には溶解する．96％C_2H_5OH 100mL には0.18g，75％ C_2H_5OH には0.70g 溶ける（同 p.184）．それらの影響については不明であるが，特に大きな影響はないように思われる．
80) CH_3OH は劇物であり，今回の安全な寒剤という主旨からは不適切な薬剤である．ここでは，NaCl の効果を確かめるために取り上げた．なお，NaCl の CH_3OH に対する溶解度は，1.40（25℃，g/100g CH_3OH）であり（ibid., 79），p.187．），C_2H_5OH と比較するとやや大きいが，特に大きな影響はないように思われる．
81) 本論は，次の文献から引用し，加筆，修正したものである．
　　柚木朋也，尾関俊浩，田口哲：融雪剤を用いた簡易霧箱の開発，物理教育 Vol.63，No.1，日本物理教育学会，pp.35-38，2015．
82) 下道国，中山斌義，川野実：大型拡散式霧箱によるラドンの測定，応用物理第38巻第8号，p.836，1970．
　　始動後2～3時間で，幅数cm の有効領域が得られるとあるが，教材として使用するには，低温の維持など多くの課題がある．なお，霧箱の蒸気については，高温拡散型霧箱[*1]で使用するエチレングリコールやメタノールの使用も見られる．しかし，今回は児童，生徒が使用することも考慮し，エタノールを使用することとした．
　　[*1)] 矢野淳滋：高温拡散型霧箱，物理教育 Vol.20，No.1，日本物理教育学会，pp.20-22，1972．
83) Kamata, M. and Kubota, M. : Simple cloud chambers using gel ice packs, *Physics Education* 47(4)，pp.429-433, 2012．
84) 次の研究は，83）と同じ原理で，食塩水を凍らせたものや市販されているアイスシャーベットを寒剤として利用したものである．
　　・Yoshinaga, Y., Kubota, M. and Kamata, M. : Simple cloud chambers using a freezing mixture of ice and cooking salt, *Physics Education* 50(23)，pp.23-27，2015．
　　・吉永恭平，大西和子，鎌田正浩：身近な素材を用いた安価で簡易な霧箱，日本科学教育学会研究会研究報告，Vol.29，No.5，pp.17-20，2015．
85) 三浦功，菅浩一，俣野恒夫：『放射線計測学』，p.157，裳華房，1982．
　　「天井の温度は次に述べる二つの理由で制限を受ける．一つは内部のガスの安定性である．天井がある温度以上になると，上部の密度が増すため対流が生ずる．このことは軽いガスの時に特に顕著である．第二の理由はバックグラウンドの増加で

ある。天井の温度が上ると先にも述べたように蒸気分子の集合体ができ易くなり，これは霧滴の核となるのでバックグラウンドの数がふえる。天井の温度が上ると蒸気量が増加し，霧箱の有効領域もしたがって増しそうに思えるが，このバックグランドの増加により蒸気量は取り去られ，また発生する凝固熱によって温度勾配も少くなり逆の結果となる。このために通常は20℃前後の天井の温度で使用する。」

86）前川路子，渡邊浩，伊藤達夫：放射線教育のために霧箱を作製させて，筑波大学技術報告30，pp. 23-27, 2010.

87）濱田栄作：「ドライアイスを使用しない霧箱による放射線飛跡の可視化」科学研究費補助金研究成果報告書（平成23年6月10日），2011.

88）寄林侑正：気体を用いた荷電粒子検出器の製作と性能テスト，東京工業大学理学部卒業研究，pp. 38-40, 2010.

89）平松和彦：ペットボトルで雪の結晶をつくる，東レ理科教育賞，第29回，1997.（東レ理科教育賞受賞作一覧（http://www.toray.co.jp/tsf/rika/rik_009.html）2015/10/30）

90）キース・J・ホリオーク，ポール・サガード：鈴木宏明，河原哲雄監訳，『アナロジーの力』，新曜社，pp. 324-325, 1998.

91）ただし，「温度勾配が小さくなる」ではなくて，「蒸気量が減少した」と考えることもできる。上部の温度を考えたとき，時間とともに上部の温度が低下したために蒸気量が減少した，また，冷却をしばらく中止した後に再び冷却すると上部の温度が上昇し，蒸気量が増加したために再び放射線の飛跡が見えると考えることができる。前出の寄林（2010）の結果と照らし合わせてみてもこの仮説が正しい可能性がある。この場合，どちらの仮説が正しいのか，あるいは，両方の影響があるのか，あるいは，どちらでもないのかなど様々なことが考えられる。上部の温度を同一にし，温度勾配を代えて調べることなどにより確かめることができる。（なお，このことについては，後述のS霧箱内部の温度変化を見ることにより，温度勾配の影響が大きいことが明らかになっている。）

92）国立天文台：理科年表，丸善，pp. 416-417, 2011.

93）当初は厚さ0.05mmのアルミニウム板を使用したが，後に厚さ0.020mmのアルミニウムホイルに変更した。また，つや消しの塗料で黒く塗るのは，光を当てたときに，放射線の飛跡を見えやすくするためであり，塗装の状態が見え方に影響する。例えば，市販されている片面が黒く塗ってある厚手の黒ホイル（厚さ0.020mm）などを使用してもよいが，アルミ用スプレー（つや消し黒）で塗ったものと比較すると飛跡が少し見えにくくなる。また，市販されているアルミテープ

のブラックつや消しの利用も，テープに入っているポリエステルなどの成分が熱を伝えにくいためか良好な結果を得ることはできなかった。

94) 数少ない例外の一つが次の霧箱で塩ビ管を本体に使用している。

前川路子，渡邊浩，伊藤達夫：放射線教育のために霧箱を作製させて，筑波大学技術報告30，pp. 23-27，2010.

しかし，容器の熱伝導を考慮したためではなく，大きさと入手のし易さなどからの選択であり，光を入れる窓を作っている。

95) 熱伝導率は，パイレックスガラス（$1.1 W \cdot m^{-1} \cdot K^{-1}$），ポリエチレン（$0.25$-$0.34 W \cdot m^{-1} \cdot K^{-1}$）に対して，ポリスチレンは（$0.08$-$0.12 W \cdot m^{-1} \cdot K^{-1}$）と低い値になっている。さらに，PSPは（$0.04 W \cdot m^{-1} \cdot K^{-1}$）[*1]とより低い値となっている。

なお，同じく熱伝導率が低いと思われるカップ麺の紙容器を使用した場合でもPSPと同程度の放射線の飛跡が認められた。

*1) 武内昌宏：発泡スチレン素材（PSP）の熱移動特性 ―カップ麺容器は熱湯を注いでもなぜ素手で持てるのか―，食品包装，東京：日報アイ・ビー，p. 42，2015.

96) 本論は，次の文献を修正したものである。

柚木朋也，尾関俊浩，田口哲：融雪剤を用いた簡易霧箱の開発，物理教育Vol. 63，No. 1，日本物理教育学会，pp. 35-38，2015. なお，本研究の一部はJSPS科研費26381248の助成を受けたものである。

97) 柚木朋也，津田将史：塩化カルシウムを寒剤とした拡散霧箱の開発，物理教育Vol. 60，No. 3，日本物理教育学会，pp. 184-187，2012.

98) Masahiro Kamata and Miki Kubota: Simple cloud chambers using gel ice packs, *Physics Education* 47(4), pp. 429-433, 2012.

99) 長倉三郎，井口洋夫，江沢洋，岩村秀，佐藤文隆，久保亮五：『理化学辞典』第5版，岩波書店，p. 284，1998.

100) 日本化学会：『化学便覧 基礎編』，丸善，pp. 788-789，1966.

101) Wikipedia（http://ja.wikipedia.org/wiki/%E5%AF%92%E5%89%A4），2014.

102) 八重樫義孝：身近な素材を用いた教材の工夫 ―寒剤の性質を使って―，北海道立理科教育センター研究紀要第12号，pp. 98-101，2000.

103) ibid., 99), p. 284.

終章 結　語

総括と展望

　アブダクションとは何なのか？　パースについて学び始めたときから一つの疑問であった。特に，帰納との違いは何であるのか？

　アブダクションはよく「演繹・帰納推論に次ぐ第三の推論」などと紹介されることがある[1]。衝撃的で魅力的なフレーズではあるが，厳密にはこうした表現は必ずしも正しくない。演繹，帰納という推論の真偽による二分法では，アブダクションは帰納に含まれる。しかし，本書で用いられている（あるいはパースが使用している）アブダクション，インダクション，ディダクションの三分法では，推論の真偽を重視したものではなく，形式（あるいは実際の推論に近いもの）をより重視したもので，そもそも分類の方法が異なる。そのため，従来の演繹，帰納にアブダクションを対応させることはそぐわない。また，インダクション，ディダクションも一般に用いられる帰納，演繹とは異なる部分がある。

　本書では，パースの初期の理論にある三段論法によるハイポセシスやインダクションが同じ構造をもつことを示し，それらはいずれもアブダクションであることを明らかにした。また，前提の順次性を考慮した推論の形式を考察することにより，基本的な４つの形式（第Ⅰ章，表２　推論の４形式）に分類できることを明らかにした。このことにより，明確にアブダクションとインダクションとを区別することができることを明らかにした。

アブダクション　　　C　　　　　　インダクション　A → C
　　　　　　　　A → C　　　　　　　　　　　　　　C
　　　　　　　　∴ A　　　　　　　　　　　　　　∴ A

　なお，パースの3種類の推論は，科学的探究の過程と密接に関係している。まず，アブダクションは，驚くべき事実の観察から始まり，仮説の定立までの第一段階に，ディダクションは，仮説の論理的展開から仮説の帰結までの第二段階に，インダクションは，仮説の検証から仮説の評価までの第三段階にそれぞれ関係する。探究の過程と結び付けて考えることで，それぞれの推論の意味を明確にすることができる。

　さらに，アブダクションを明確にするために，アブダクションの過程，驚くべき事実の観察と知覚，アブダクションと関係するいくつかの推論形式について考察した。アブダクションは，何らかの新たな観念を導入する唯一の論理的な操作であり，日常生活でも数多く行われている。しかし，その過程は詳しく考察されていない。アブダクションの過程は，（仮説が推量として思いつく過程と選択された仮説が受け入れられるかどうかを吟味する過程とが一つになった）仮説を定立する過程であると考える。仮説を定立することは，作り得る多くの仮説の中から真なる仮説を選択することである。その場合，現に意識されているものからの選択に限らず，明確には意識されていないが選択され得る可能性のあるもの（これを「選択可能性」と呼ぶ）まで含めることにより，あらゆる仮説の選択を一元的にとらえることができる。つまり，アブダクションの本質は，広義の「選択」としてとらえることが可能である。ここでは，広義のというところに重要な意味がある。すなわち，単によい仮説を選択するための推論（アブダクションが最適な説明をいくつかの仮説の中から選択するための推論であること（Inference to the Best Explanation (IBE)）とは必ずしも一致しないことに注意が必要である。選択される仮説は必ずしも明確に完成されたものからとは限らず，「仮説が推量として思いつく過程」とのかかわりの中で選択される可能性がある。なお，「仮説が推量として思いつく過

程」が全く空想的なものであり，「自然の光」や「本能」に導かれたものであると考えられるとしても，それらは「驚くべき事実」と無関係なはずはなく，そこには，「驚くべき事実」と関係する論理がある。つまり，広義の「選択」には，現に意識されているものからの選択に限られず，明確には意識されていないが，選択され得る可能性のあるもの（選択可能性）からの選択やそれらの一部が強調されることもあり得るということである。このようにとらえると，アブダクションが心理的な側面を強くもっていることが導かれる。また，どこを重視（強調）するかの選択も重要である。本書では，アブダクションの過程がアナロジーやパレオロジックなどと密接に関係しており，ある種のパターンが存在することを明らかにした。なお，アナロジーは，アブダクションとディダクションの混成，パレオロジックはアブダクションの一つの形式として考えられる。一方，「選択された仮説が受け入れられるかどうかを吟味する過程」については，パースの経済性の理論が重要な指針となる。このように，様々な要素が複雑に絡み合いながらアブダクションが行われる。

　一見，アブダクションは「思いつき」や「単なる推量」と考えられ，それは天賦の才や偶然のように，どうしようもないように思われる。しかし，アブダクションは天才だけのものではなく，知覚判断などの日常生活などをはじめとして，すべてに関係している。それらには様々なレベルがあるものの，いくつかは実際的な技法であり，学ぶことができる。アブダクションの過程を考察すると，その本質は，推論であり，全く習得不可能なものでないことは明らかである。

　それでは，よいアブダクションを行うためにはどのようにすればよいのであろうか？　残念ながら，推論する能力を飛躍的に高める特効薬はないと思われる。本書では，探究の過程の中で，模倣と練習によって学ぶことができると考え，その実例として野外観察について考察した。指導者が探究の三段階やアブダクションをはじめとする推論などを適切に把握した上で，学習者

に探究の過程を辿らせることが最も有効な手段の一つであると思われる。そして，学習者を探究に誘うには工夫が必要であり，驚くべき事実を意識させることが重要である。

驚くべき事実などを示すためには，適切な教材が有効である。しかし，教材を探究の過程の視点で考察した場合，アブダクションを重視する教材は少ない。本書では，アブダクションを誘発させ，探究へと誘う教材をアブダクション教材と呼びその特質を考察した。例えば，次のような教材を挙げることができる。

① 驚くべき事実や予想外の結果を示す教材
② 視点を変えると疑問が生じ，不思議なことであることに気付く教材
③ 学習者にとって未知の現象や新しい世界を示す教材

これらのアブダクション教材に関しては，探究の過程と密接に結び付くことが重要である。これらの教材の開発は，今後，必要性が高まると考えられる。

なお，アブダクション教材に限らず，理科教育では教材の開発は非常に重要である。教材は多種，多様なものがあるが，その開発においては，教材開発は探究の過程と似た問題解決の過程を辿ることが多い。しかし，教材開発の過程をアブダクションの観点から詳述した研究はほとんど無い。そこで，本書では，アブダクションが教材開発にどのようにかかわるかについて，思考の流れをもとに詳述した。ただし，実際の教材開発は，アブダクションだけではなく，インダクション，ディダクションなどの推論あるいは，観察，実験と密接に結び付いた総合的な過程である。重要なことは，アブダクションをはじめとする推論を意識的に適応することであり，実際，アブダクション，ディダクション，インダクションの推論の形式を考慮しながら開発を行うことで，それぞれの思考の流れが明確になり，考えるべき指針とすることが可能となった。この方法を活用することで，すぐれた教材を開発することができたと考える。本書は今後の教材開発における一つの指針を示すと考え

る。

　本書は教材開発に一つの方向を示し，新たな教材開発を行う上で有効であると思われるが，必ずしも常に上手くいくとは限らない。教材の開発にとって，最も大切なことは，開発者自身が自然に対して驚きと感動を忘れず，学習者のことをよく考え，創意工夫を行い，諦めずに開発に携わることだと思われる。そして，それこそが理科教育を発展させる最も有効な方法の一つであると考える。アブダクションによる教材開発が今後の理科教育を活性化し，推論を重視した教材やそれを使用した学習が理科教育をさらに発展させることを願っている。

　なお，帰納法やアナロジーを中心に据えるなどの多くの研究の進め方がある中で，本研究は，アブダクションを中心概念として研究を進めた。それは，アブダクション，インダクション，ディダクションのパースの考え方が理科教育の研究にとって最適であると判断したためである。ただし，アナロジーなど有用と思えば躊躇なく取り入れた。

　最後に，アブダクションの課題について述べる。パースは次の三点を挙げている[2]。

① 直観的・本能的に見える仮説の形成作用の特性について，さらに掘り下げて考察すること。

② 仮説の形成において，暗黙の形でではあるが，実際にはたらいていると考えられる選択の基準を呈示して，そのような諸基準を一つの体系にまとめ上げること。

③ このようなアブダクションの論理が，過去の科学史の中で典型的にうかがわれる実例を挙げて，これを検証すること。

　本書では，主として，①にかかわる考察を進め，理科教育に必要な知見を得た。そして，理科教育や教材とのかかわりについて論じた。そして，教材開発にかかわるアブダクションをはじめとする推論のかかわりについて考察するとともに有用な教材をいくつか作成した。しかし，本書で取り扱った推

論は,「選択」を中心とする限られた範囲での推論である。莫大な情報量や演算を取り扱うことはできない。また,アブダクションについての考察はさらに多くの事例について,心理的観点も含めた探究が今後も重要になると思われる。②については,パース自身がまとめた「研究の経済性」が指針になる。ただし,選択の基準には,状況や心理的な要因が深くかかわる。それは個別的であり,簡潔にまとめることは容易ではないと思われる。しかし,様々な事例を選択の基準の観点から探究することにより,少しずつでも明らかにしていくことが重要であると思われる。③については,例えばハンソンがアブダクションの観点から,いくつかの例について検証している[3]。しかし,アブダクションの観点からの科学史についての研究はそれほど多くない。これらも今後の重要な課題になると思われる。

加えて,本書のテーマとかかわる理科教育の観点から次の三点を挙げる。

④ アブダクションを意識した指導や学習が「創造性」や「発見する能力」の育成に有効であるかどうかを実証すること。

⑤ アブダクション教材の開発とその効果について実証すること。

⑥ 教材開発における問題点や発想の障害になっている事柄について整理し,アブダクションの観点から実証すること。

④については,当然であるように思われる。しかし,どの程度の効果があるのかなど不明な点が多い難しい課題である。①とも関係するが,実践を積み重ねることが重要であると考える。ただし,アブダクションを意識したというよりは,科学的探究の過程を考慮したとする方が適切であるかもしれない。というのは,アブダクションはディダクションやインダクションと密接に関係しているからである。アブダクションの能力の向上は,基本的には,「選択」と「吟味」の能力の向上と考えることができ,それらの能力は,ディダクションやインダクションの向上と密接につながっているからである。特に,アブダクティブなディダクションはアブダクションの育成にきわめて有効であると考える。⑤については,本書の中でもいくつか紹介した。しか

し，今後更に推進しなくてはならない課題である。④で述べたこととも関係するが，実践を積み重ねることが重要になろう。⑥については，今回，いくつかの事例について述べることができた。しかし，教材は多種多様で数も多い。さらに多くの教材についての事例を集めることが課題であると考える。

終章；註及び文献

1）例えば，「チャールズ・サンダース・パースは演繹（deduction），帰納（induction）に対する第三の方法としてアブダクションの語を用いた。」（ウィキペディア：アブダクション（https://ja.wikipedia.org/wiki/アブダクション 2016/09/09））

2）「彼はこれらの課題を，1903年のハーヴァード大学連続講演の第6，第7講演「推論の三つのタイプ」「プラグマティズムとアブダクション」と，同年のロウエル協会における連続講演の第7講演「いかに理論化するか」において論じている。また，これらにさきだって1892年から1896年の間に，何度か書かれた手稿『科学の歴史』（SW. 227-260, 1.45-1.125）[*1]と，1901年の手稿『古代の資料から歴史を抽出するための論理』の中でも同じ主題を論じている。」（伊藤邦武：パースのプラグマティズム，p.196，1985，勁草書房.）

[*1]　Pierce, C. S. : Selected Writings: pp. 227-260, 1966, Values in a Universe of Chance, Wiener, P. (ed.), intro., and notes, New York.

3）ハンソンは，パースの示したケプラーの例をはじめ，物理学に関するいくつかの例を挙げ，アブダクションについて論じている。次の書籍を参照のこと。

Hanson, N. R. : Patterns of Discovery, Cambridge University Press, pp. 72-85, 1958.

文　献

Aliseda, A. : Abductive Reasoning - Logical Investigation into Discovery and Explanation - , Springer, 2006.

Atarashi, S. : Peirce's Reception in Japan, *European Journal of Pragmatism and American Philosophy*, 2014, VI, 1, pp. 79-83, 2014.

Bilalić, M., McLeod, P. and Gobet, F. : Why Good Thoughts Block Better Ones: The Mechanism of the Pernicious Einstellung (set) Effect, *Cognition* 108, pp. 652-661, 2008.

Blackwell, R. J., Discovery in the Physical Sciences, Notre Dame, University of Notre Dame Press, 1969.

Burks, A. W. : Peirce's Theory of Abduction, *Philosophy of Science*, Vol. 13, No. 4, The University of Chicago Press on behalf of the Philosophy of Science Association, pp. 301-306, 1946.

Cellucci, C. : Why Should the Logic of Discovery Be Revived? A Reappraisal, Springer International Publishing Switzerland, 2015.

Dewey, J. : Logic, The Theory of Inquiry, Holt, Rinehart and Winston, New York・Chicago・San Francisco, Toronto・London, 1938.

Gonzalez, M. E. Q., Haselager, W. F. G. : Creativity: Surprise and abductive reasoning, *Semiotica* 153 1/4, pp. 325-341, 2005.

Goudge, T. A. : The Thought of C. S. Peirce, Toronto, University of Toronto Press, 1950.

Walton, D. : Abductive Reasoning, The University of Alabama Press, 2004.

Fann, K. T. : Peirce's Theory of Abduction, Martinus Nijhoff, The Hague, 1970.

Harman, G. H. : The Inference to the Best Explanation, *The Philosophical Review*, Vol. 74, No. 1, pp. 88-95, 1965.

Harman, G. H. : Thought, Princeton, Princeton University Press, 1973.

Hanson, N. R. : Patterns of Discovery, Cambridge University Press, 1958.

Hass, W. P. : The Conception of Low and the Unity of Peirce's Philosophy, Studia Friburgenensia, New Series, No. 38, Fribourg, University Press, and Notre Dame, University of Notre Dame Press, 1964.

Hirata, K. : A Classification of Abduction: Abduction for Logic Programming, *Machine Intelligence 14, pp. 397-424, 1995.

Hirata, K. : Rule-Based Abduction for Logic programming, 学位論文, 九州大学, 1995.

Inoue, K. : Studies on Abductive and Nonmonotonic Reasoning, 学位論文, 京都大学, 1993.

Josephson, J. R. and Josephson, S. G. (eds.): Abductive Inference: Computation, Philosophy, Technology, Cambridge University Press, pp. 1-12, 1994.

Josephson, J. R. and Josephson, S. G. (eds.): Abductive Inference: Computation, Philosophy, Technology, Cambridge University Press, 1996.

Josephson, J. R. : Abduction-Prediction Model of Scientific Inference Reflected in a Prototype System for Model-Based Diagnosis, *Philosophica*, 61, pp. 9-17, 1998.

Kamata, M. and Kubota, M. : Simple cloud chambers using gel ice packs, *Physics Education* 47(4), pp. 429-433, 2012.

Koestler, A. : The Act of Creation, New York, Macmillan, 1964.

Lipton, P. : Inference to the Best Explanation (2nd ed.). London: Routledge, 2004.

Luchins, A. S. : Mechanization in problem solving - the effect of Einstellung, *Psychological Monographs*, 54, No. 6, pp. i-95, 1942.

Magnani, L. : Abductive Cognition - The Epistemological and Eco-Cognitive Dimensions of Hypothetical Reasoning - , Springer-Verlag Berlin Heideberg, 2009.

Murphey, M. G. : The Development of Peirce's Philosophy, Cambridge, Massachusetts, Harvard University Press, 1961.

OECD: Science and Technology in the Public Eye, 1997.

Paavola, S. : On the Origin of Ideas - An Abductivist Approach to Discovery - , Revised and enlarged edition, LAP Lambert Academic Publishing, 2012.

Pierce, C. S. : Collected Papers, Vols. I - VI, Hartshorne, C. and Weiss, P. (eds.), Cambridge: Harvard University Press, 1931-1935. Vols. VII-VIII, Burks, A. W. (ed.), Cambridge: Harvard University Press, 1958.

Pierce, C. S. : Selected Writings: pp. 227-260, 1966, Values in a Universe of Chance, Wiener, P. (ed.), intro. , and notes, New York.

Pierce, C. S. : Writings of Charles S. Peirce: A Chronological Edition, Vols. 1-8, Indiana University Press, 1984.

    Volume 1 (1857-1866), Moore, E. C., Fisch, M. H., et al. (eds.), 1982.

    Volume 2 (1867-1871), Moore, E. C., et al. (eds.), 1984.

Volume 3 (1872-1878), Kloesel, C. J. W., et al. (eds.), 1986.

Volume 4 (1879-1884), Kloesel, C. J. W., et al. (eds.), 1989.

Volume 5 (1884-1886), Kloesel, C. J. W., et al. (eds.), 1993.

Volume 6 (1886-1890), Houser, N. et al. (eds.), 2000.

Volume 8 (1890-1892), Houser, N., Tienne, A., et al. (eds.), 2010.

Plutynski, A. : Four Problems of Abduction: A Brief History, *The Journal of the International Society for the History of Philosophy of Science*, vol. 1, pp. 1-22, 2011.

Rescher, N. : Peirce's Philosophy of Science, Notre Dame-London: University of Notre Dame Press, 1978.

Reichenbach, H. : The Rise of Scientific Philosophy, Berkeley and Los Angeles, University of California Press, 1958.

Rivadulla, A. : Abductive Reasoning, Theoretical Prediction, and The Physical Way of Dealing Fallibly With Nature, *Theoretical Models in Physics*, Spanish Ministry of Education and Science, 2013.

Ross, W. D. : Aristotle's Prior and Posterior Analytics, Oxford, At the Clarendon Press, 1949.

Sheridan, H. and Reingold, E. M. : The Mechanisms and Boundary Conditions of the Einstellung Effect in Chess: Evidence from Eye Movements, *PLoS One*, Vol. 8, No. 10, journal.pone.0075796, 2013.

Thagard, P. : Abductive inference - From philosophical analysis to neural mechanisms - , In Feeney, A. & Heit, E. (eds.), Inductive reasoning: Cognitive, mathematical, and neuroscientific approaches. Cambridge: Cambridge University Press, 2005.

Thagard, P. : Computational Philosophy of Science, Cambridge, MA: MIT Press/ Bradford Books, 1988.

Yoshinaga, K., Kubota, M. and Kamata, M. : Simple cloud chambers using a freezing mixture of ice and cooking salt, *Physics Education* 50(23), pp. 23-27, 2015.

Yunoki, T. : Development of Hands-on Experiment Equipment for Observing Static Electricity by Making Use of Plastic Bottles, *Journal of Science Education in Japan*, 31(3), Japan Society for Science Education, pp. 169-178, 2007.

McAuliffe, W. H. B. : How did abduction get confused with inference to the best explanation?, Transactions of the Charles S Peirce Society, *A Quarterly Journal in American Philosophy*, pp. 1-35, 2015.

赤川元昭：パースと科学の方法，流通科学大学論集 —流通・経営編— 第23巻第2号，pp. 75-90, 2011.
浅輪幸夫：パースの「着想論」について，学習院大学文学部研究年報29, pp. 1-22, 1982.
浅輪幸夫：C. S. パースの偶然主義，思想670, pp. 100-120, 1980.
新茂之：C・S・パースの「関係の論理学」の限界と展開，人文學192, 同志社大学，pp. 25-57, 2013.
S・アリエティ：加藤正明，清水博之訳，『創造力 —原初からの統合—』，新曜社，1980.
有田和正：『教材開発に必要な基礎知識』，明治図書，2003.
有馬道子：『パースの思想』，岩波書店，2001.
安西祐一郎：『問題解決の心理学』，中公新書，1985.
池上嘉彦：『記号論への招待』，岩波新書，1984.
池田久美子：「はいまわる経験主義」の再評価 —知識生長過程におけるアブダクションの論理，教育哲学研究(44), p. 28, 1981.
市川亀久彌：『独創的研究の方法論 —自然科学と工学技術学の問題を中心として—』，三和書房（増補版），1960.
市川亀久彌：『創造性の科学 —図解・等価変換理論入門—』，日本放送出版協会，1970.
市川伸一編：『認知心理学4 思考』，東京大学出版会，1996.
井出耕一郎：日本理科教育学会編『現代理科教育体系』第6巻，東洋館出版社，1978.
伊藤邦武：パースの科学的探究の基礎づけ，思想683, pp. 101-116, 1981.
伊藤邦武：『パースのプラグマティズム』，勁草書房，1985.
伊藤邦武：『パースの宇宙論』，岩波書店，2006.
稲垣佳世子，波多野誼余夫：『人はいかに学ぶか』，中公新書，pp. 16-17, 1989.
稲垣良典：パースの習慣論 —経験主義と形而上学—，思想678, pp. 20-38, 1980.
今市憲作，田口達夫，谷林英毅，本池洋二：『わかる水力学』，日新出版，1997.
今田利弘，小林辰至：中学校理科教員のプロセス・スキルズ育成に関する指導の実態，理科教育学研究 Vol. 45, No. 2, pp. 1-8, 2004.
今井泉：身近な材料でつくるアルカリ電解質型水素・酸素燃料電池，化学と教育

Vol. 41, No. 3, pp. 204-205, 1993.

岩崎允胤, 宮原将平：『科学的認識の理論』, 大月書店, 1984.

内井惣七：『シャーロック・ホームズの推理学』, 講談社現代新書, 1988.

内ノ倉真：アナロジーによる理科教授法の開発とその展開 —構成主義的学習論の興隆以降に着目して—, 理科教育学研究 Vol. 50, No. 3, pp. 27-41, 2010.

内ノ倉真：中学生のアナロジーの生成と評価による理科学習の促進 —「凸レンズによる結像」を事例として—, 理科教育学研究 Vol. 52, No. 2, pp. 33-45, 2011.

上山春平：アブダクションの理論, 人文学報第46巻, 京都大学人文科学研究所, pp. 103-155, 1978.（上山春平著作集 第一巻 哲学の方法, 法藏館, 1996に収録）

上山春平：『弁証法の系譜』第2版, 未來社, 1968.

魚津郁夫：パースの知覚説, 熊本大学『法文論叢』第19号, pp. 19-55, 1966.

U. エーコ：池上嘉彦訳, 『記号論Ⅰ』, 岩波現代選書, 1980.

U. エーコ：池上嘉彦訳, 『記号論Ⅱ』, 岩波現代選書, 1980.

U. エーコ, T. A. シービオク編：小池滋監訳, 『三人の記号 デュパン, ホームズ, パース』, 東京図書, 1990.

衛蕾, 林伸一：良い学習教材とは何か —マップ調査からの検討—, 山口大学文学会志, 61巻, pp. 25-48, 2011.

大須賀節雄：『思考を科学する ～「考える」とはどうゆうことか？～』, オーム社, 2011.

小垣廣次：『岸和田の土と草と人』, 泉文社, 1985.

岡田雅勝：『パース』, 人と思想146, 清水書院, 1998.

小倉康：思考力開発へ向けた科学教育課程改革：米国での事例から, 科学教育研究 Vol. 25, No. 5, pp. 363-370, 2001.

小倉康：「科学的な思考」を見極める力をつける, 理科の教育（2001.8）, pp. 8-19, 2001b.

R. オズボーン, P. フライバーグ編：森本伸也・堀哲夫訳, 『子ども達はいかに科学理論を構成するか —理科の学習論—』, 東洋館出版社, 1988.

恩田彰：『創造性教育の展開』, 恒星社厚生閣, 1994.

化学大辞典編集委員会編：『化学大辞典2』, 共立出版, 1960.

化学実験ハンドブック編集委員会編：『化学実験ハンドブック』, 技報堂, 1956.

鏡研一, 井出努, 牛山泉：『水撃ポンプ製作ガイドブック』, パワー社, 1999.

角屋重樹：自然を対象とした言語と体験, 理科の教育, 通巻659号, p. 4, 2007.

風間晴子：国際比較から見た日本の「知の営み」の危機，大学の物理教育，1998-2号，pp. 4-16，1998．

加藤磐雄，山本達夫，阿部正宏，室井勲，内井道夫：『図説　大阪の岩石－Ⅲ－』，大阪府科学教育センター，1971．

川喜多二郎：『発想法』，中公新書，1967．

川本治推：アブダクションと社会科学習，和歌山大学教育学部紀要，教育科学55，pp. 31-36，2005．

木村敏：『異常の構造』，講談社現代新書，1973．

木村優：「氷＋硫酸」は冷える　－寒剤の物理化学，化学と教育 Vol. 46，No. 3，pp. 184-185，1998．

工藤与志文：理科学習における「発見的推論」に対する教員志望学生の評価について，東北大学大学院教育学研究科研究年報第59集第2号，pp. 23-37，2011．

国立教育政策研究所編：『TIMSS2011 理科教育の国際比較』，明石書店，2013．

国立教育政策研究所，教育課程研究センター：『小中学校教育課程実施状況調査報告書　中学校理科』，ぎょうせい，2003．

国立教育政策研究所編：『生きるための知識と技能5　OECD生徒の学習到達度調査（PISA）2012年調査国際結果報告書』，明石書店，2013．

国立天文台：『理科年表』，丸善，2011．

小林辰至，永益泰彦：社会的ニーズとしての科学的素養のある小学校教員養成のための課題と展望　－小学校教員志望学生の子どもの頃の理科学習に関する実態に基づく仮説設定のための指導法の開発と評価－，科学教育研究 Vol. 30，No. 3，pp. 185-193，2006．

小林真理：生徒の推論を位置づけた歴史の授業づくり，山形大学大学院教育実践研究科年報(2)，pp. 236-239，2011．

小林真理：生徒の推論を位置づけた社会科の授業づくり，山形大学大学院教育実践研究科年報(3)，pp. 76-83，2012．

後藤佳太：数学学習におけるアブダクションに関する研究(1) 仮説形成の基準に焦点をあてて，数学教育研究21(1)，全国数学教育学会，pp. 53-61，2015．

五島政一，小林辰至：W型問題解決モデルに基づいた科学的リテラシー育成のための理科教育に関する一考察　－問題の把握から考察・活用までの過程に着目して－，理科教育学研究 Vol. 50，No. 2，pp. 39-50，2009．

後藤正英，久保田善彦，水落芳明，西川純：中学校の理科実験における子どもの課題解決過程に関する一考察　～「探究の過程」を強制しないカリキュラムにおける

実験の予想に着目して～，理科教育学研究 Vol. 47, No. 3, pp. 1-7, 2007.
近藤洋逸，好並英司：『論理学概論』，岩波書店，1964.
齋藤嘉夫，西尾謙三，吉本則之，墻内千尋：水滴発電器のメカニズム，物理教育 Vol. 51, 日本物理教育学会，pp. 187-192, 2003.
齋藤康夫，德永好治：科学的思考力育成に関する学習指導法の研究 ―「科学者の目」を用いた課題解決―，理科教育学研究 Vol. 43, No. 3, pp. 13-20, 2003.
佐藤寛之，森本信也：理科授業における類推的思考の意味と意義に関する考察，理科教育学研究 Vol. 45, No. 2, pp. 29-36, 2004.
佐藤佐敏：解釈におけるアブダクションの働き ―C. S. Peirce の認識論に基づく「読みの授業論」の構築―，国語科教育67, pp. 27-34, 2010.
佐藤佐敏：解釈する力を高める話合い「解釈のアブダクションモデル」に基づく発問と話合い，国語科教育69, pp. 11-18, 2011.
W. C. サモン：山下正男訳，『論理学』，培風館，1987.
沢田允茂：『現代論理学入門』，岩波新書，1962.
T. A. シービオク，J. ユミカー＝シービオク：富山太佳夫訳，『シャーロック・ホームズの記号論』，岩波現代選書，1981.
芝亀吉：寒剤，応用物理4 (9), pp. 357-362, 1935.
柴山元彦，浅野浅春：地学野外実習について ―中・高理科―，研究集録第20集，pp. 103-112, 大阪教育大学教育学部附属天王寺中学校・大阪教育大学教育学部附属高等学校天王寺校舎，1977.
柴山元彦，浅野浅春：地学野外実習について ―生徒の評価と指導者の評価―，研究集録第21集，pp. 19-39, 大阪教育大学教育学部附属天王寺中学校・大阪教育大学教育学部附属高等学校天王寺校舎，1978.
柴山元彦，浅野浅春：地学野外実習について ―野外実習の評価―，研究集録第23集，大阪教育大学教育学部附属天王寺中学校・大阪教育大学教育学部附属高等学校天王寺校舎，1980.
下道国，中山斌義，川野実：大型拡散式霧箱によるラドンの測定，応用物理第38巻第8号，pp. 834-837, 1970.
末木剛博編：『知の根拠としての論理学』，公論社，1976.
杉浦忠，山田佳明：『QCサークルのためのQCストーリー入門 ―問題解決と報告・発表に強くなる』，日科技連出版社，1991.
杉浦忠，山田佳明：『続QCサークルのためのQCストーリー入門 ―STEPSとサイバー活動のすすめ』，日科技連出版社，1999.

杉浦美朗：『デューイにおける探究としての学習』，風間書房，1984．
杉田直樹，桑原敏典：仮説の提示と吟味の方法の工夫による小学校社会科授業改善 －C. S. パースのプラグマティズムの理論を活用して－，岡山大学教師教育開発センター紀要第3号，pp. 107-116，2013．
鈴木宏昭，大西仁：対称性推論における表象の形式と構造，認知科学 Vol. 16, No. 1, pp. 154-165, 2009．
大宮司信，森口眞衣：パースのアブダクションからみた精神科診断についての試論，人間福祉研究 No. 13, pp. 77-87, 2010．
竹内均，上山春平：『第三世代の学問』，中公新書，1997．
武内昌宏：発泡スチレン素材（PSP）の熱移動特性 －カップ麺容器は熱湯を注いでもなぜ素手で持てるのか－，食品包装，東京：日報アイ・ビー，p. 42, 2015．
武田一美：『おもしろい化学の実験』，pp. 112-115，東洋館出版社，1992．
谷川渥：パースにおける〈美学〉の概念，思想701，pp. 52-65, 1982．
谷川直也：自作の白金箔電極を用いた水素・酸素燃料電池，化学と教育 Vol. 47, No. 12, pp. 844-845, 1999．
塚越博，中道淳一：酸素と水素から電気を取り出す －酸素・水素燃料電池－，化学と教育 Vol. 35, No. 2, pp. 150-151, 1987．
鶴岡義彦，井野真奈美，佐藤将大：理科教育における帰納的・発見的アプローチに対立する諸見解について －理科教育方法論に関する問題提起－，千葉大学教育学部研究紀要第61巻，pp. 271-282, 2013．
ウィリアム H. デイヴィス：赤木照夫訳，『パースの認識論』，産業図書，1990．
利安義男，塩徹：燃料電池の教材化，化学と教育 Vol. 32, No. 4, p. 362, 1984．
戸田山和久：『「科学的思考」のレッスン』，NHK出版，2011．
鳥居修晃：『視覚の心理学』，サイエンス社，1982．
鳥居修晃，望月登志子：『視知覚の形成1』，培風館，1992．
長倉三郎，井口洋夫，江沢洋，岩村秀，佐藤文隆，久保亮五：『理化学辞典』第5版，岩波書店，1998．
中村茂：湿気取りの寒剤への利用，理科の教育58(4)，p. 282, 2009．
中村雄二郎：『西田幾多郎』Ⅰ，岩波書店，2001．
中村秀吉，古田光編：『岩波講座哲学ⅩⅡ科学の方法』，岩波書店，1968．
中山正和：『カンの構造』，中公新書，1968．
新村出編：『広辞苑第5版』，岩波書店，1998．
西岡正康，日本理科教育学会編：『理科教育講座』第6巻理科教材論（上），東洋館出

版社，1992.
西村チャーリー：寒剤でひんやり実験 ―授業に役立つサイエンスマジック・寒剤―，理科の教育60(8)，p.568，2011.
日本化学会：『化学便覧基礎編 改訂3版』，丸善，1984.
日本化学会：『化学便覧 基礎編』，丸善，1966.
『日本大百科全書6』，小学館，1985.
日本電池株式会社編：『最新実用二次電池第2版 ―その選び方と使い方―』，日刊工業新聞社，1999.
野矢茂樹：『論理学』，東京大学出版会，1994.
パース，ジェームズ，デューイ：上山春平編，『パース／ジェームズ／デューイ』，世界の名著48，中央公論社，1968.
パース：浅輪幸夫訳，『偶然・愛・論理』，三一書房，1982.
パース：米盛裕二訳，『パース著作集1 現象学』，勁草書房，1985.
パース：内田種臣訳，『パース著作集2 記号学』，勁草書房，1986.
パース：遠藤弘訳，『パース著作集3 形而上学』，勁草書房，1986.
パース：伊藤邦武編訳，『連続性の哲学』，岩波文庫，2001.
パース，ジェームズ，デューイ：植木豊訳，『プラグマティズム古典集成』，作品社，2014.
R.J.バーンシュタイン編：岡田雅勝訳，『パースの世界』，木鐸社，1978.
(Bernstein, R. J. (ed.): Perspectives on Peirce, Critical Essays on Charles sanders Peirce, New Haven and London, Yale University Press, 1965.)
波多野誼余夫編：『認知心理学5 学習と発達』，東京大学出版会，1996.
服部正策編：『燃料電池／電気自動車』，横川書房，1973.
N・R・ハンソン：野家啓一，渡辺博訳，『知覚と発見』，紀伊國屋書店，1982.
林達夫編：『哲学事典』，平凡社，1971.
濱田栄作：「ドライアイスを使用しない霧箱による放射線飛跡の可視化」科学研究費補助金研究成果報告書（平成23年6月10日），2011.
鱧谷勉，平松昭博，柚木朋也：(1989) 地学実習指導についての一考察，教育研究紀要No.845，pp.72-74，岸和田市立教育研究所，1989.
広瀬隆：『燃料電池が世界を変える』，日本放送出版協会，2001.
平川公明：仮説を批判的に検討し合う小学校社会科授業 ―第5学年単元「わたしたちの生活と食料生産」―，弘前大学大学院教育学研究科教科教育専攻社会科教育専修社会科教育分野，pp.1-57，2009.

平松和彦：ペットボトルで雪の結晶をつくる，東レ理科教育賞，第29回，1997.（東レ理科教育賞受賞作一覧（http://www.toray.co.jp/tsf/rika/rik_009.html）2015/10/30.）

M. ビラリッチ，P. マクラウド：アインシュテルング効果 ―良案が排除されるわけ―，別冊日経サイエンス201 意識と感覚の脳科学，pp. 43-47，2014.

弘睦夫：常識主義と批判主義との間 ―C. S. Peirce の哲学，広島大学文学部紀要36，pp. 69-89，1976.

舟橋秀晃：「アブダクション」に着目した論理的思考力を伸ばすための国語科読解教材の開発 ―実践「別の見方を試してみると」（中二）を通して―，滋賀大国文 (50)，pp. 35-50，2013.

A. ブラニガン：村上陽一郎，大谷隆昶訳，『科学的発見の現象学』，紀伊國屋書店，1984.

カール・G・ヘンペル：黒崎宏訳，『自然科学の哲学』，培風館，1967.

星野匡：『発想法入門』，日本経済新聞社，1989.

星野英興：話題源―食塩を用いた理科実験，弘前大学教育学部研究紀要クロスロード (12)，pp. 91-104，2008.

カール・R・ポパー：大内義一，森博訳，『科学的発見の論理』（上），恒星社厚生閣，1971.

カール・R・ポパー：大内義一，森博訳，『科学的発見の論理』（下），恒星社厚生閣，1972.

G. ポリア：柴垣和三訳，『数学における発見はいかになされるか 1 帰納と類比』，丸善，1959.

G. ポリア：柴垣和三訳，『数学における発見はいかになされるか 2 発見的推論―そのパターン』，丸善，1959.

G. ポリア：柿内賢信訳，『いかにして問題をとくか』，丸善，1975.

J. H. ホランド，K. J. ホリオークほか：市川伸一ほか訳，『インダクション』，新曜社，1991.

キース・J・ホリオーク，ポール・サガード：鈴木宏明，河原哲雄監訳，『アナロジーの力』，新曜社，1998.

本間拓也：電池の化学 4 燃料電池，化学と教育 Vol. 49，No. 2，pp. 86-88，2001.

マイケル・ポラニー：佐藤敬三訳，『暗黙知の次元』，紀伊國屋書店，1980.

前川路子，渡邊浩，伊藤達夫：放射線教育のために霧箱を作製させて，筑波大学技術報告30，pp. 23-27，2010.

益田裕允：水流モデルから電流回路を類推する理科授業に関する研究 —ベースドメインの関係とターゲットドメインの関係を類推させるコミュニケーション活動を通して—，理科教育学研究 Vol. 47，No. 2，pp. 41-49，2006.

益田裕允，柏木純：論理的推論に基づく仮説形成を図る教授方略に関する実証的研究，理科教育学研究 Vol. 54，No. 1，pp. 83-92，2013.

丸山圭三郎：『言葉と無意識』，講談社現代新書，1987.

三浦功，菅浩一，俣野恒夫：『放射線計測学』，p. 157，裳華房，1982.

三中信宏：系統樹思考の世界 —すべてはツリーとともに—，講談社現代新書，2006.

宮崎市定：『科挙』，中公新書，1963.

宮本正彦：おもしろい化学実験 —やってみよう身近な化学実験，(化学実験の手引)—，化学教育31(6)，pp. 489-490，1983.

三輪聡子：道徳授業における児童の勤労観形成にアナロジー推論が与える影響，教育心理学研究 Vol. 60，No. 3，pp. 310-323，2012.

村上隆夫：『仮説法の倫理学 ポー・パース・ハイデッガー』，春風社，2012.

村上忠幸：前仮説段階を考慮した探究プロセスと教材の開発，京都教育大学教育実践研究紀要第5号，pp. 69-78，2005.

村上忠幸：理科の探究学習の新展開 —messing about とコミュニケーション—，京都教育大学教育実践研究紀要第10号，pp. 91-100，2010.

村上忠幸：知的パフォーマンスとしての探究学，京都教育大学教育実践研究紀要第12号，pp. 69-78，2012.

村上忠幸：新しい時代の理科教育への一考察，京都教育大学教育実践研究紀要第13号，pp. 53-62，2013.

村上忠幸：新しい時代の理科教育への一考察(2)，京都教育大学教育実践研究紀要第14号，pp. 31-40，2013.

村上忠幸：新しい時代の理科教育への一考察(3)，京都教育大学教育実践研究紀要第15号，pp. 81-90，2015.

村上陽一郎：『科学のダイナミックス』，サイエンス社，1980.

I. ムラデノフ：有馬道子訳，『パースから読むメタファーと記憶』，頸草書房，2012.

文部省：『中学校指導書理科編』，大日本図書，1970.

文部省：『中学校理科指導資料 身近な自然を重視した理科指導』，大日本図書，1980.

文部省：『中学校学習指導要領』，東山書房，1998.

文部省：『小学校学習指導要領解説　－理科編－』，東洋館出版社，1999．

文部省：『中学校学習指導要領解説　－理科編－』，大日本図書，1999．

文部省：『高等学校学習指導要領解説理科編』，理数編，大日本図書，1999．

文部科学省：『小学校学習指導要領』，2008．

文部科学省：「小学校学習指導要領解説理科編」，2008．

文部科学省：『中学校学習指導要領解説理科編』，大日本図書，2008．

文部科学省：『個に応じた指導に関する指導資料　－発展的な学習や補充的な学習の推進－（中学校理科編)』，教育出版，2002．

八重樫義孝：身近な素材を用いた教材の工夫　－寒剤の性質を使って－，北海道立理科教育センター研究紀要第12号，pp.98-101，2000．

矢野淳滋：高温拡散型霧箱，物理教育 Vol.20, No.1, 日本物理教育学会, pp.20-22, 1972．

矢野淳滋：新素材エレキテルとその周辺機器，物理教育 Vol.41, No.4, 日本物理教育学会, pp.439-441, 1993．

山口真人，田中保樹，小林辰至：科学的な問題解決において児童・生徒に仮説を設定させる指導の方略　－The Four Question Strategy（4QS）における推論の過程に関する一考察－，理科教育学研究 Vol.55, No.4, pp.437-443, 2015．

山本英一：言語研究の底を流れる思想を考える　－推論様式を手掛かりとして－，外国語教育研究　第16号，pp.47-61，2008．

山本貴之：図式的推論を生かした数学の授業に関する研究，数学教育研究45(1)，新潟大学教育学部数学教室，pp.48-68，2010．

ジェームスW.ヤング：竹内均訳，『アイデアのつくり方』，阪急コミュニケーションズ，1988．

柚木朋也：C.S.パースのアブダクションについての一考察　－授業の構想の手懸かりを求めて－，兵庫教育大学大学院修士論文，1986．

柚木朋也：貝塚市蕎原周辺を利用した地学実習について，「理数」中理編平成5年2月 No.436, pp.1-7, 啓林館, 1993．

柚木朋也：身近な自然とのかかわりを深める指導　－貝塚市蕎原周辺を利用した地学実習について－，岸和田市科学技術教育センター研究紀要 No.11, pp.13-19, 1993．

柚木朋也：エネルギー変換に関する教材の研究　－フロッピーディスクケースを利用した燃料電池－，科学教育研究 Vol.26, No.4, pp.257-263, 2002．

柚木朋也：水撃ポンプの製作と特性に関する研究，科学教育研究 Vol.28, No.2,

pp. 94-100，2004．

柚木朋也：探究の過程を重視した教材　―水撃ポンプの特性を利用して―，科学教育研究 Vol. 29，No. 3，pp. 232-239，2005．

柚木朋也：アブダクションに関する一考察　―探究のための推論の分類―，理科教育学研究 Vol. 48，No. 2，日本理科教育学会，pp. 103-113，2007．

柚木朋也：教材開発におけるアブダクションに関する一考察　―寒剤を利用した拡散霧箱の開発―，日本科学教育学会研究会研究報告 Vol. 27，No. 2，pp. 11-16，2012．

柚木朋也，津田将史：塩化カルシウムを寒剤とした拡散霧箱の開発，物理教育 Vol. 60，No. 3，日本物理教育学会，pp. 184-187，2012．

柚木朋也：身近な素材を用いた結晶に関する教材の開発　―凍結防止剤用塩化カルシウムを利用して―，科学教育研究 Vol. 36，No. 4，pp. 332-339，2012．

柚木朋也：原子力の指導に関する一考察　―教員養成課程における取組―，理科教育学研究 Vol. 53，No. 3，日本理科教育学会，pp. 485-495，2013．

柚木朋也，尾関俊浩，田口哲：融雪剤を用いた簡易霧箱の開発，物理教育 Vol. 63，No. 1，日本物理教育学会，pp. 35-38，2015．

柚木朋也：「寒剤」に関する一考察，北海道教育大学紀要第66巻第1号，pp. 149-160，2015．

横山重吉：『水撃入門』，日新出版，1979．

吉永恭平，大西和子，鎌田正浩：身近な素材を用いた安価で簡易な霧箱，日本科学教育学会研究会研究報告 Vol. 29，No. 5，pp. 17-20，2015．

好並英司：パースのアブダクションの理論　―その前期と後期の見解―，岡山商大論叢 9 (1)，岡山商科大学，pp. 11-47，1973．

好並英司：時間論の「パラドックス」　―C. S. パースにおける知覚と時間―，岡山商大論叢 2 (1)，pp. 23-40，1966．

好並英司：C. S. パースのカテゴリー論　―Ⅰの1―，岡山商大論叢12(1)，pp. 1-18，1976．

好並英司：C. S. パースのカテゴリー論　―Ⅰの2―，岡山商大論叢12(2)，pp. 1-19，1976．

米盛裕二：パースの現象学，琉球大学教育学部紀要15，pp. 1-15，1972．

米盛裕二：『パースの記号学』，勁草書房，1981．

米盛裕二：『アブダクション　仮説と発見の論理』，勁草書房，2007．

寄林侑正：気体を用いた荷電粒子検出器の製作と性能テスト，東京工業大学理学部卒

業研究，pp. 38-40，2010.

リチャード・ロティ：室井尚・吉岡洋・加藤哲弘・浜日出夫・庁茂訳，『プラグマティズムの帰結』，筑摩書房，2014.

和田信哉：数学教育におけるアブダクションの基礎的研究 ―形式の観点からの検討―，数学教育研究43(2)，新潟大学教育学部数学教室，pp. 4-10，2008.

ポリ塩化ビニリデン（PVDC）の物性と用途，特性について
　（http://www.toishi.info/sozai/plastic/pvdc.html）2015/03/30.

The Centre For Alternative Technology CAT Tipsheet 7: Hydraulic Ram
　（http://www.cat.org.uk/information/tipsheets/hydram.html）2003/12/25.

Ketcham, S. A., Minsk, L. D., Blackburn, R. R., Fleege, E. J. : MANUAL OF PRACTICE FOR AN EFFECTIVE ANTI-ICING PROGRAM - A Guide For Highway Winter Maintenance Personnel - , US Army Cold Regions Research and Engineering Laboratory 72 Lyme Road, 1996.
　（http://www.fhwa.dot.gov/reports/mopeap/mop0296a.htm）2015/2/21.

Wikipedia 寒剤（http://ja.wikipedia.org/wiki/%E5%AF%92%E5%89%A4），2015/2/21.

Charles Sanders Peirce bibliography - Wikipedia
　（https://en.wikipedia.org/wiki/Charles_Sanders_Peirce_bibliography）2015/12/20.

あとがき

　本研究は，兵庫教育大学大学院学校教育研究科において取り組んだ「創造性」の研究に端を発し，大阪府公立小・中学校，大阪府教育センター，岸和田市科学技術教育センター，北海道教育大学などで発展させたものです。その間，多くの方々からご指導，ご助言を賜りました。

　最初の勤務校であった岸和田市立山滝中学校では，小垣廣次校長，鱧谷勉教諭から自然や理科教育についての考え方をはじめ，多くのことを学ばせていただきました。そうしたことが，兵庫教育大学大学院学校教育研究科に進む契機となりました。兵庫教育大学大学院学校教育研究科では，杉浦美朗教授，武田正浩教授のもと，「パース」，「探究」，「アブダクション」などについて学ぶ機会を得ることができました。特に，岡山商科大学の好並英司教授からは得がたいご指導，ご助言を賜り，修士論文「C. S. パースのアブダクションについての一考察　―授業の構想の手懸かりを求めて―」を作成することができました。その後，中学校で研究，実践を積み重ね，1998年からは大阪府教育センターにおいて研究する機会を得ました。そこで，科学研究費補助金11878043，萌芽的研究「アブダクション理論による創造性の育成に関する研究」を受け，研究を進めることができました。また，当時の理科第一室，理科第二室などのスタッフから多くの示唆を得ることができ，共同研究などを通して，教材の開発について研究を深めることができました。特に，脇島修総括研究員，江坂高志総括研究員，伊藤精幸教育振興室長には多大なご協力を賜りました。また，現在の北海道教育大学に移ってからも，田口哲教授，尾関俊浩教授をはじめ多くの方々からご協力を賜りました。

　課題は山積していましたが，それまでの研究成果を兵庫教育大学に博士学位請求論文「アブダクションによる理科教材開発についての研究」として提

出しました。兵庫教育大学の松本伸示教授には，その間，懇切なるご指導を賜りました。

　出版に当たり，本書は博士論文をもとに加筆修正しましたので，書名を『アブダクションと理科教材開発についての研究』と改めました。

　なお，本書は，独立行政法人日本学術振興会平成29年度科学研究費助成事業（科学研究費補助金）（研究成果公開促進費　課題番号17HP5229）による補助を受け，出版することができました。また，風間書房の風間敬子氏をはじめ斉藤宗親氏にもお力添えをいただきました。

　以上のように，本書は多くの方々のご協力を賜った結果によるものであり，ここに深く感謝の意を表し，心より御礼申し上げます。

2017年10月

柚木　朋也

索　引

[あ]

アインシュタイン　67
アナロジー　2, 17-19, 28, 42, 45-52, 59-60, 67-68, 112, 130, 147, 154, 207, 212, 217, 219
アブダクション　1-4, 7, 10-18, 21-23, 25-28, 30-31, 33, 37-43, 45-46, 48-49, 51-68, 73-80, 82-83, 86-87, 89, 91-96, 114, 118-119, 124-125, 129-130, 145, 147-148, 150, 155, 158-159, 192-193, 206-207, 215-221
アブダクション教材　11, 91-93, 96, 124-125, 218, 220
アリストテレス　1
アインシュテルング効果　57, 70-71
アパゴーゲー　1, 14
アブダクティブなディダクション　30, 35, 54, 60-61, 82, 112, 148-149, 155, 220

[い]

一般化　8, 33, 46
インダクション　1, 4, 7, 12-13, 18, 21-24, 26-27, 29, 31, 36-37, 41, 46-47, 52, 57, 59, 62, 67, 76, 82-83, 95-96, 114, 129, 149, 215-216, 218-220

[う]

ウォーターハンマー　114, 122

[え]

S霧箱　180, 197, 202
エタノール　156, 177, 181-182, 188, 196-197, 211
演繹　12-13, 21-22, 24, 27, 37, 45, 50, 54, 57, 59, 60, 62, 70, 215, 221
塩化カルシウム　145-148, 159, 167-168, 194, 196, 206-207, 209, 213
塩化ナトリウム　150, 161, 177, 200
塩化マグネシウム　147, 195-196
エーコ　3, 14, 58, 64, 71

[お]

驚くべき事実　25, 28, 33-34, 37-38, 40-42, 49, 61, 64-66, 77-78, 85, 91, 93-96, 119, 122, 154, 156, 216-218
温度勾配　185-193, 212

[か]

化学的寒剤　152, 160, 181
科学的探究　1, 4, 12, 21, 73, 77, 90, 216, 220
科学的発見　2, 12-13

仮説　1, 9-14, 16-19, 21, 24-26, 28-29, 31-37, 40-46, 49, 51-53, 55-58, 60-67, 73, 75, 77-83, 85, 90-92, 94-95, 114, 118, 124, 129, 148, 150, 154-155, 157-158, 186, 204, 212, 216-217, 219
仮説形成　13, 16, 19, 45, 57-58
仮説的推論　13, 58
仮説発想　1, 13, 52
カテゴリー　49-50, 147
簡易霧箱　180, 192, 194, 207, 210-211, 213
寒剤　125-126, 145-171, 173, 175-176, 179-181, 187-188, 190-195, 198-202, 206-211, 213
観念　3, 15, 36, 40, 42, 52, 58, 67, 73, 216
蓋然的推論　73-74, 86
概念　5, 7-8, 10, 38, 57, 60, 64, 67, 75, 90, 92, 131, 133, 219

[き]

記号　1, 14, 21, 32, 64
記号論　3, 17, 71
帰納　2, 13, 21, 27-28, 45-46, 58-60, 62, 67-68, 86, 215, 219, 221
教材開発　1, 4, 11-12, 89, 94-96, 125, 130, 145, 155, 159, 175, 192-193, 203, 206, 218-220
教材開発過程　125
強調　8, 217
霧箱　92, 125-126, 145-146, 148-149, 152-153, 155-156, 163, 180-184, 186-190, 192-194, 196-198, 200-202, 206-207, 210-213
吟味　17, 35, 40-41, 62, 66, 81, 94-95, 124, 216-217, 220

[け]

経験　9, 35-37, 39-40, 42-43, 48-49, 53, 58, 60, 64, 67, 69, 74, 76-78, 122, 130, 150
経済性　43-45, 62-63, 67, 217, 220
ケプラー　2, 221
検証　8-11, 25, 32, 37, 39, 43, 53, 56, 62, 81, 95, 216, 219-220

[こ]

後件肯定の誤謬　25
コンピュータ　90
コード　64, 76
古論理　51, 68, 126

[さ]

サガード　45, 49, 63, 67-68, 186, 207, 212
三種混合寒剤　176
三段論法　21, 23-24, 26, 34, 51-52, 59, 215

[し]

自然の光　40, 217
写像　48-40

習慣　5
侵食　79-82, 84
心理学　3, 12-13, 17, 40, 48, 50, 61, 68, 70
シービオク　3, 14, 58, 64, 71
情報　3, 29, 53, 69, 85, 220
人工知能　3, 62

[す]

水撃ポンプ　91, 96-103, 107-117, 119-123, 204-205
推測　11-13, 25, 27, 34, 54-55, 58, 73-75, 94-95, 125, 148
推論　1-4, 10-13, 16-19, 21-37, 41, 43, 45-46, 48-54, 56-63, 66-68, 70, 73-74, 76-78, 84-87, 93-96, 112-113, 125, 145, 147, 149, 152, 193, 207, 215-221
推論過程　27
推論形式　21, 24, 31-32, 35, 51, 145, 152, 216

[せ]

正当化　12, 49
説明　5, 10, 12, 15, 24-26, 28, 33-34, 40, 44-45, 51-53, 55, 61-66, 68, 75, 78, 80, 84, 87, 91-92, 114, 122, 160, 177, 205, 216
説明的仮説　61, 73, 77
閃ウラン鉱石　146, 187, 196, 198, 200-201
選択　7-8, 40-43, 47, 53, 55-57, 61-66, 68, 77, 94, 121, 145-146, 205, 213, 216-217, 219-220
選択可能性　41-42, 64, 216-217

[そ]

創造性　3, 30, 67, 73-74, 89, 220
遡及推測　13

[た]

滝　78-85, 87, 91
探究　1-2, 4-12, 16, 18-19, 21, 33-38, 41, 53, 59-61, 73, 77-78, 83, 85, 87, 90-93, 95-96, 110, 113-114, 120, 122, 124-125, 130, 145, 152, 203-204, 216-218, 220
ターゲットドメイン　18, 48
断層　78-84, 87

[ち]

知覚　38-39, 58-59, 61, 64, 216
知覚判断　2, 38-40, 59, 74, 217
地学実習　78, 86
直観　1, 11

[て]

ディダクション　1, 7, 12-13, 18, 21-23, 27, 29-31, 35, 37, 46-48, 54, 57, 59-61, 76, 81-83, 95-96, 112, 114, 129, 148-149, 155, 215-220
デューイ　33

[と]

投射　45-46, 67
洞察　25, 40
ドライアイス　126, 145-146, 148-149, 159, 182-184, 190, 194, 206, 212

[に]

認識　5, 7, 9, 13, 28, 49-50, 83, 91, 96
認識論　2, 14, 17, 67
認知心理学　48, 50, 68, 70

[ね]

熱伝導　126, 180, 191, 193, 201, 210, 213
燃料電池　91, 125-127, 131-134, 136-139, 143-145, 205

[は]

発見　2, 12-14, 16, 27, 40, 45, 59, 60, 64, 67, 73-74, 76-77, 83, 86, 126, 220
発想　1, 10-11, 13, 21, 45, 52, 91-92, 112, 116, 130-131, 204, 220
発想法　2, 14
発泡ポリスチレンシート　180, 193
反証　32, 36, 149
ハンソン　2, 16, 59, 220-221
ハイポセシス　4, 18, 22-26, 28, 47, 51-52, 59, 215
ハーマン　63
パターン　49-50, 86, 217

パレオロジック　51, 126, 217
パース　1-4, 13-18, 21, 24-28, 30, 33, 34, 38, 40-41, 43-46, 48, 50-52, 54-55, 58-64, 67, 74, 114, 215-217, 219-221

[ひ]

比喩　50
閃き　11, 25

[ふ]

フロッピーディスクケース　125, 131-132, 134-135, 205
分類　1, 4, 12, 16, 21, 26-27, 35-36, 54, 59, 61, 63-66, 87, 215

[へ]

ベースドメイン　18, 48

[ほ]

法則　63-64, 91, 108-109, 115-116, 119, 121, 141
方法論　2, 33, 67, 203
ホリオーク　45, 49, 67-68, 186, 207, 212
本能　40, 43, 45, 58, 217, 219
ポパー　13
ポリア　42, 45, 60, 67, 73-74, 86

索　引　243

[め]

メタノール　211

[ゆ]

融雪剤　147, 153, 155-156, 162-163, 168-173, 180, 187-188, 190-201, 207, 210-211, 213

[よ]

予想　7-9, 18, 27, 61, 90-91, 94-95, 118-119, 127, 218
予測的推測　13

[ら]

ライヘンバッハ　12

[り]

理解　3, 5-8, 34, 58, 75, 83-84, 87, 90, 115, 143, 145, 205
理科教育　1, 3-5, 8-9, 11, 19, 73, 78, 89, 131, 218-220
リトロダクション　18, 33-35, 46, 59-60
理論　1-4, 11-14, 17, 37-38, 41-43, 45-47, 51, 61-67, 154, 192, 215, 217

[る]

類推　10, 18, 42, 48-50, 59, 68
類比　45-46, 59-60, 67, 86

[ろ]

論証　18, 34-36, 46, 60-61, 73, 159
論法　34, 35-36, 60-61, 158
論理学　2, 4, 12-13, 33, 50

著者略歴

柚木　朋也（ゆのき　ともや）

1958年　和歌山県に生まれる
1980年　和歌山大学教育学部卒業
1980年　大阪府公立中学校教諭
1986年　兵庫教育大学大学院学校教育研究科修了（教育学修士）
1998年　大阪府教育センター指導主事兼研究員
2002年　岸和田市教育委員会指導主事
2005年　大阪府公立小学校教頭
2011年　北海道教育大学札幌校准教授
2013年　北海道教育大学札幌校教授
2016年　博士（学校教育学）兵庫教育大学
現在に至る

アブダクションと理科教材開発についての研究

2018年1月10日　初版第1刷発行

著　者　　柚　木　朋　也

発行者　　風　間　敬　子

発行所　　株式会社　風　間　書　房
〒101-0051　東京都千代田区神田神保町1-34
電話 03(3291)5729　FAX 03(3291)5757
振替 00110-5-1853

印刷　太平印刷社　　製本　井上製本所

©2018 Tomoya Yunoki　　　　　NDC 分類：375
ISBN978-4-7599-2202-8　　Printed in Japan
JCOPY 〈(社)出版者著作権管理機構　委託出版物〉
本書の無断複製は、著作権法上での例外を除き禁じられています。複製される場合はそのつど事前に(社)出版者著作権管理機構（電話 03-3513-6969, FAX 03-3513-6979, e-mail: info@jcopy.or.jp）の許諾を得てください。